Forschungsgruppe
Erbsensuppe

Rieke Patwardhan

Forschungsgruppe Erbsensuppe

oder wie wir Omas großem Geheimnis auf die Spur kamen

Mit Illustrationen von Regina Kehn

KNESEBECK

Inhalt

Eine Bande mit Evi

Alles wäre sicher ganz anders gekommen, wenn Evi und ich uns nicht angefreundet hätten. Es geschah in der dritten Klasse, und eigentlich war unsere Freundschaft die Schuld von Frau Schmidt. Evi hatte mal wieder Pit mit Karacho den Ellenbogen in die Seite gerammt, und Frau Schmidt sagte:»Evi, es reicht, ab heute sitzt du neben Nils.«

Dann seufzte sie tief, strich sich die Haare aus der Stirn und wandte sich mir zu.

»Nicht wahr, Nils, das klappt schon mit euch beiden? Du hast doch so ein ausgleichendes Gemüt.«

Ich überlegte, ob »ein ausgleichendes Gemüt haben« das gleiche bedeuten sollte wie »schüchtern sein«, denn das sagen häufiger mal Leute über mich. Ich wusste es nicht genau, aber vorsichtshalber nickte ich trotzdem. Evi packte ihre Hefte zusammen, rammte Pit zum Abschied nochmals den Ellenbogen zwischen die Rippen und kam geräuschvoll zu ihrem neuen Platz neben mir. Ich rückte vorsichtshalber ein Stück zur Seite und beobachtete sie aus den Augenwinkeln.

An Evi gibt es viel zu beobachten. Sie ist immer in Bewegung und irgendwie anders als alle anderen Kinder, die ich

kenne. Sie hat eine laute Stimme und eine unordentliche Zippelfrisur und eine Brille, durch die sie finster guckt, wenn sie wütend wird. Wütend wird sie oft, und dann schreit sie rum oder sie haut - und zwar so, dass es wehtut. Ihre Rippenstöße sind in der ganzen Schule gefürchtet.

Ich glaube, Evi hatte schon mit jedem aus unserer Klasse Streit außer mit mir, und vielleicht war es das, was Frau Schmidt meinte mit dem ausgleichenden Gemüt.

Als Evi alle ihre Schulsachen auf dem Tisch verteilt hatte, blieb kaum noch Platz für meine Hefte. Sie seufzte tief, schlenkerte mit den Füßen und schrieb etwas auf einen Zettel, den sie mir zuschob. Ich schaute erst mal, ob Frau Schmidt nichts mitbekommen hatte, dann faltete ich ihn vorsichtig auf und las.

»Wollen wier eine Bande gründen?« stand da in ziemlich krakeliger Schrift. Ich traute mich nicht zurückzuschreiben, denn Frau Schmidt guckte zu uns hinüber. Außerdem wusste ich nicht, was ich antworten sollte. Eigentlich wollte ich gern in einer Bande sein. Alle aus der Klasse waren in einer Bande, nur Evi und ich nicht. Die Bande hieß Die 22 Fragezeichen, und Pit und Sofie hatten sie an einem Tag gegründet, als Evi und ich krank waren. Ich glaube, sie hatten sie extra an diesem Tag gegründet, weil keiner Evi dabeihaben wollte. Am nächsten Tag hatte Pit mich schuldbewusst angeschaut und gesagt, es könne leider niemand mehr aufgenommen werden, denn 22 Mitglieder, das sei schon hart an der Grenze.

Nun wollte Evi also ihre eigene Bande gründen. Mit mir. Ich fragte mich, wie eine Bande mit Evi aussehen würde.

Viel Zeit zum Nachdenken blieb nicht, denn schon rammte sie mir – in einem unachtsamen Moment – den Ellenbogen zwischen die Rippen und sah mich fragend an. Ich zuckte mit den Schultern, und damit war die Sache für Evi besiegelt. Sie schnappte sich den Zettel, kritzelte wieder etwas drauf und schob ihn mir zu.

»Erstes Trefen heute um halp drei. Bei dier. Ich komme.«

Rechtschreibung ist nicht so Evis Stärke, das sagt zumindest Frau Schmidt, wenn sie Evi eine Arbeit wiedergibt. Dann seufzt sie immer und sagt, dafür habe Evi andere Stärken. Welche, sagt sie nicht. Wegen der Rechtschreibung geht Evi zum Förderunterricht. Außerdem geht sie zu etwas, das heißt

Ergo bei einer Frau namens Ergo-Elke, und was sie da genau macht, verrät sie nicht.

Das war also der Anfang unserer Bande, und ich machte mir ein bisschen Sorgen darüber, wie der Nachmittag verlaufen würde.

Nach der Schule ging ich wie immer zu Oma und Opa. Sie wohnen in der Wohnung neben uns, und das ist praktisch, weil Mama und Papa nachmittags arbeiten.

Als ich an der Tür klingelte, roch es nach frisch gebackenem Kuchen. Das tut es ziemlich oft, denn Backen ist Omas große Leidenschaft.

Opa öffnete die Tür und strahlte mich an.

»Na, min Jung«, sagte er. »Was macht die Kunst?«

Das fragt er immer, wenn er wissen will, wie es einem geht, auch wenn man gar keinen Kunstunterricht hatte an dem Tag.

»Gut geht's«, ich ließ meinen Ranzen fallen. »Ich kriege heute Nachmittag Besuch. Evi und ich gründen eine Bande.«

Opa sah mich nachdenklich an.

»Von Evi habe ich noch nie etwas gehört«, sagte er, und das stimmte auch. Ehrlich gesagt hatte ich noch nie andere Kinder mit nach Hause gebracht. Nur manchmal verabredete ich mich mit ein paar Jungs zum Fußball.

»Ist sie nett?«, fragte Opa.

Ich überlegte. Wie sollte man Opa nur Evi erklären?

»Sie hat immer gute Ideen«, begann ich, denn das sagt auch Frau Schmidt. »Und sie kann sich aufregen wie die Hölle. Und manchmal haut sie. Vielleicht passt du ein bisschen auf – vor ihren Rippenstößen haben sogar die Viertklässler Angst.« Das war eigentlich alles, was man zu Evi wissen musste, fand ich.

»Aha«, sagte Opa und zwinkerte mir zu, »dann wird es zumindest nicht langweilig.«

Er ging raus und holte das Essen aus der Küche. Oma kann nicht nur Kekse backen, sondern auch ziemlich gut kochen, und immer wenn ich aus der Schule komme, ist das Essen schon fertig. Oma kann Pfannkuchen und Milchreis und Nudeln mit Tomatensauce und alles, was ich sonst noch gern mag. Nur manchmal macht sie Gerichte mit komischen Namen wie Flinsen oder Klunkermus. Die hat sie als Kind gegessen, sagt sie. Ich mag aber die normalen Sachen lieber, und an dem Tag, als Evi und ich die Bande gründeten, gab es zum Glück leckeren Milchreis.

Ich war noch nicht mal mit dem Essen fertig, als es schon an der Tür klingelte. Ich drückte auf den Summer, und an dem Gepolter im Flur konnte ich direkt hören, dass es Evi war. Sie schleifte einen Einkaufsbeutel hinter sich her, den sie auf jede Treppenstufe bollern ließ.

Mit der Begrüßung hielt sie sich nicht lange auf, auch nicht, als Oma und Opa aus der Tür guckten und freundlich »Hallo« sagten. Evi ruckte als Antwort einmal kurz mit dem Kopf, bevor sie sich wieder an mich wandte.

»Hab alles dabei«, sie schlenkerte vielsagend mit dem Beutel.

Ich wusste überhaupt nicht, was sie meinte.

»Für die Bande«, Evi sah mich ungeduldig an und knallte den Beutel so heftig auf den Esstisch, dass er nur knapp meinen Teller mit Milchreis verfehlte. Oma und Opa verzogen sich ins Wohnzimmer.

Evi steckte ihren Kopf in den Beutel und zog eine Art Taschenmesser sowie eine Sprühflasche mit Desinfektionsmittel heraus.

Ich sah wohl etwas verständnislos aus, denn Evi schnappte sich das Messer und hielt es mir so dicht vor die Nase, dass ich das Leder der Hülle riechen konnte, in der es steckte.

»Das Anglermesser von meinem Vater«, sagte sie stolz. »Wahnsinnig scharf.«

»Wozu brauchen wir das?« Ich beobachtete unruhig, wie Evi am Griff des Messers zerrte, um es aus der Scheide zu bekommen. »Wir sind doch wohl keine Angel-Bande?«

»Quatsch«, Evi fuchtelte mit dem blitzenden Messer vor meinem Gesicht herum. »Wir schließen Blutsbrüderschaft. Das macht man so.«

Ich wich zurück.

»Mit dem Ding da?«

»Klar!« Mit der rechten Hand packte Evi bereits meinen Arm, mit der linken griff sie nach dem Desinfektionsmittel und sprühte so wild damit herum, dass außer meinem Arm noch so einiges andere nass wurde. Wir mussten beide niesen. Zum Glück gelang es mir, mich aus Evis Griff zu befreien, als sie gerade laut »Hatschi« prustete. Schnell verknotete ich die Arme hinter dem Rücken und wich rückwärts Richtung Wohnzimmertür.

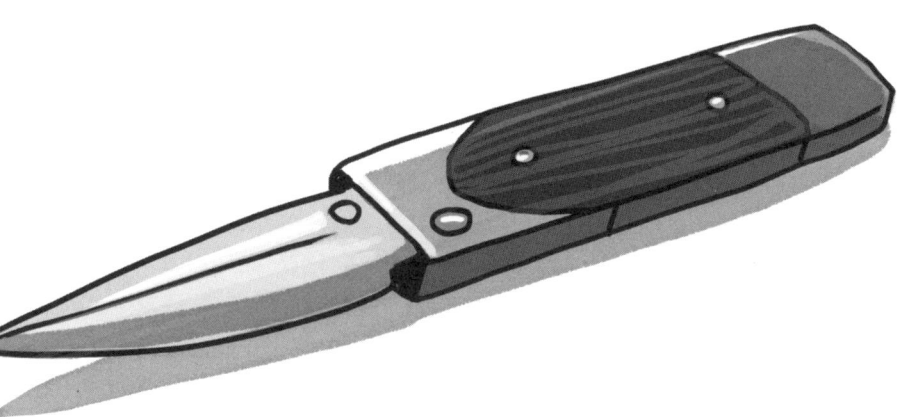

»Das muss man als Bande machen!«, herrschte mich Evi an. »Tut auch gar nicht weh. Und entzünden kann sich auch nichts, wenn man ordentlich desinfiziert.«

Evis Mama ist Ärztin, deswegen schmeißt Evi manchmal mit solchen Sachen um sich. Ich wusste nicht, was ich darauf antworten sollte, und zum Glück kam in diesem Moment Opa aus der Wohnzimmertür.

»Schönes Messer«, sagte er anerkennend. »Zum Angeln?«

Evi nickte.

»Und für Blutsbrüderschaft. Es ist ganz scharf. Da kann nichts schiefgehen.«

Opa nahm ihr das Messer aus der Hand und betrachtete es von allen Seiten.

»Blutsbrüderschaft, so, so«, sagte er. »Das haben wir früher auch gemacht. Guck mal hier.«

Er krempelte seinen Opa-Hemdärmel hoch und zeigte Evi eine lange, knubbelige Narbe.

»Oha!« Evi zog an Opas Arm und besah sich die Narbe so genau, dass ich dachte, jeden Moment würde ihre Nase draufstoßen.

Ich kannte die Narbe schon ewig, und komischerweise hatte Opa mir immer erzählt, er habe sich einmal den Arm gebrochen, und der Bruch sei schlecht verheilt.

Wenn ich mich nicht täuschte, sah Evi etwas nachdenklich aus, als sie ihre Nase von Opas Arm zurückzog.

»Mein Freund Freddy hätte beinahe seinen Arm verloren bei so einer Sache«, erzählte Opa, während er seinen Ärmel wieder herunterrollte. »Das ging knapp an der Amputation vorbei.«

Mir wurde ganz anders, als er Evi das Messer wieder in die Hand drückte.

»Heutzutage sind die Messer natürlich besser«, Opa lächelte, »und mit Desinfektionsspray kann wohl nicht viel passieren ... allerdings ...«

»Was?« Evi sah ihn fragend an.

»Ist Blutsbrüderschaft nicht etwas aus der Mode gekommen? Es ist doch viel netter, mit einem guten Getränk auf die Freundschaft anzustoßen!«

Evi blickte zwischen Opa und dem Messer hin und her.

»Was für ein Getränk denn?«, fragte sie lauernd.

»Cola!«, antwortete ich so schnell ich konnte, denn eins war klar: Wenn wir Evi mit etwas von der Blutsbrüderschaft abbringen konnten, dann mit Cola. Ihre Eltern halten nichts von solchem Zuckerzeug, das hat Mama mir erzählt. Sie glauben, dass es Evi noch zappeliger macht, als sie eh schon ist. Meine Eltern sind da nicht so. Wir haben immer Cola im Schrank.

»Ich geh welche holen!«, rief ich und rannte zur Wohnungstür. Irgendwie würde Opa Evi schon von der Messerattacke abbringen, da war ich mir sicher.

Als ich mit einer 2-Liter-Cola-Flasche im Arm zurückkam, saß Evi friedlich zwischen Oma und Opa auf dem Sofa. Anstelle des Messers hielt sie eins von Omas feinen Sektgläsern in der Hand. Auf dem Tisch stand ein Teller mit selbst gebackenem Butterkuchen.

Das machen wir immer so bei Oma und Opa, jeden Nachmittag, es heißt »gemütliche Stunde«, und normalerweise muss ich zuerst meine Hausaufgaben machen. Heute gab es wohl eine Ausnahme - wahrscheinlich, um mich vor der Blutsbrüderschaft zu bewahren.

»Was für eine Bande wollt ihr gründen?«, fragte Opa, während er den Kuchen verteilte. »Haben Banden nicht immer eine besondere Aufgabe? So kenne ich das von früher.«

Ich schielte zu Evi hinüber. Ehrlich gesagt hatte ich erwartet, dass sie da sehr feste Vorstellungen hatte. Aber Evi zuckte mit den Schultern und stopfte sich ihr Stück Butterkuchen fast vollständig in den Mund.

»Vielleicht eine Detektivbande?«, schlug ich vor, denn eigentlich fand ich Detektivbanden sehr cool.

Evi schüttelte energisch den Kopf.

»Das machen schon die blöden Fragezeichen«, murmelte sie. »Wir machen natürlich was Besseres.«

»Und was?«, fragte ich.

»Egal«, mümmelte Evi, und die Kuchenkrümel spritzten nur so aus ihrem Mund. »Mir fällt schon was ein.«

»Klar«, antwortete Opa, »dat löppt sik allens trech.«

Manchmal spricht Opa Plattdeutsch, und »Dat löppt sik allens trech« heißt so viel wie »Das wird sich schon regeln«.

Und so sollte es dann auch kommen.

Lina

Die Aufgabe ergab sich schon am nächsten Tag, und wieder war ein bisschen Frau Schmidt schuld. Die rief uns nämlich gleich zu Beginn der ersten Stunde zusammen. »Ich habe eine Überraschung«, sagte sie geheimnisvoll. »Ihr bekommt eine neue Mitschülerin, schon heute nach der großen Pause.«

Sofort redeten alle durcheinander und fragten, wie das Mädchen heißen würde und warum sie in unsere Klasse kam und wo sie herkam und wie sie aussah und, und, und.

Frau Schmidt klatschte dreimal in die Hände, wie immer, wenn wir ruhig sein sollen, und sagte, das Mädchen heiße Lina und sei vorher in einer Flüchtlingsklasse gewesen, und alles Weitere würden wir später erfahren.

»Oh nee«, sagte Pit, als wir auf unsere Plätze zurückgingen. »Da kriegen wir endlich einen Flüchtling, und jetzt ist das ein Mädchen! Die kann doch bestimmt kein Fußball!«

Unsere Klasse hatte sich schon ewig einen Flüchtling gewünscht, und wir machten mit bei all den guten Sachen, die man für die Neuankömmlinge so tat: unsere alten Kleider abgeben, einen Spendenlauf organisieren, solche Sachen. Nur abgekriegt hatten wir noch keinen Flüchtling. Die Doofen aus der A hatten sogar zwei, und beide waren richtig gut im Fußball. Deswegen hatte die A das Fußballturnier der Dritten gewonnen, und wir hatten Frau Schmidt in den Ohren gelegen, dass wir auch einen Flüchtling wollten.

»Von wegen Mädchen können kein Fußball!« Evi rammte Pit als Antwort auf diese Behauptung noch schnell ihren Ellenbogen in die Rippen.

Sie zerrte mich zu unserem Tisch und sagte empört: »Außerdem heißt sie Lina, und darum kommt sie aus Schweden, und die Schweden sind richtig gut im Fußball, vor allem die Frauen!«

»Aus Schweden?« Ich war echt überrascht. »Ich dachte, Flüchtlinge kommen aus Syrien und dem Irak oder so.« Das hatte ich zumindest bei Oma und Opa im Fernsehen gesehen, als Oma gerade nicht aufpasste. Die Fußballer aus der A kamen jedenfalls nicht aus Schweden, da war ich mir sicher.

Evi schaute mich überlegen an.

»Hast du nicht Michel aus Lönneberga gelesen? Da gibt es auch eine Lina. Ich sage dir, sie kommt aus Schweden.« Sie stupste mich begeistert an. »Verstehst du? Alle Schweden sind groß und kräftig. Wetten, wir gewinnen das nächste Fußballturnier?«

Ich wollte mich nicht unbedingt mit Evi anlegen, aber so ganz konnte ich das nicht glauben.

»Aus Schweden muss man doch nicht fliehen! Da waren wir letztes Jahr im Urlaub. Es war überhaupt nichts Schlimmes los. Nur Wald und Elche. Und davor flieht man doch nicht. Oder?«

Evi schnaubte.

»Meine Eltern haben ihre Hochzeitsreise nach Syrien gemacht. Damals war da auch nichts los. So was kann sich schnell ändern.«

Ich beschloss, nicht weiter mit Evi zu streiten, sie bekam schon so eine steile Falte auf der Stirn.

»Ist dir eine Bandenaufgabe eingefallen?«, fragte ich schnell, um das Thema zu wechseln.

Aber das besserte Evis Laune auch nicht. Sie schüttelte finster den Kopf, und ich wünschte, ich hätte nicht gefragt.

Frau Schmidt brachte die Neue wie versprochen nach der großen Pause mit in die Klasse. Wir anderen durften nach vorn kommen, damit wir sie besser sehen konnten. Das Mädchen, das Lina hieß, guckte angestrengt auf den Fußboden, als wir alle um sie herum standen, und irgendwie konnte ich sie gut verstehen.

Ehrlich gesagt sah sie weder nach Fußball aus noch nach Schweden. Sie war klein und dünn und hatte lange dunkle Haare. Als sie so auf den Boden schaute, hatte sie eine Falte auf der Stirn, und ich fand, damit hatte sie irgendwie Ähnlichkeit mit Evi.

Evi und ich schauten uns an. Evi schob die Unterlippe vor und zuckte mit den Schultern.

Frau Schmidt legte dem Mädchen die Hand auf die Schulter, und mir schien, die Falte auf der Stirn wurde etwas tiefer.

»Das ist Lina«, rief Frau Schmidt mit ihrer fröhlichsten Stimme. »Sie ist mit ihrem Vater aus Syrien zu uns gekommen und spricht noch nicht so gut Deutsch. Vielleicht mögt ihr sie etwas fragen?«

Pit drängelte sich sofort nach vorn. Er sah Lina von oben bis unten an.

»Spielst du Fußball?«, fragte er laut und vernehmlich.

Ich war mir nicht sicher, ob Lina ihn verstand, denn erst sagte sie nichts. Aber dann schüttelte sie heftig den Kopf. Pit stöhnte ein bisschen und drängelte sich wieder nach hinten zu seinen Kumpels.

»Möchte noch jemand etwas wissen?«, fragte Frau Schmidt.

Sofie hob die Hand.

»Wo ist denn deine Mutter?«, fragte sie. »Ist die gar nicht mitgekommen?«

Lina zuckte mit den Schultern und schwieg. Sofie sah hilfesuchend zu Frau Schmidt hinüber, als Lina keine Antwort gab, aber die wedelte auf einmal energisch mit den Händen und sagte, wir sollten nicht so neugierig sein, sondern wieder auf unsere Plätze gehen.

Alle Mädchen wollten unbedingt neben Lina sitzen, aber Frau Schmidt setzte sie neben mich, auf die andere Seite. Ob das auch wegen des ausgleichenden Gemüts war, sagte sie nicht. Bisher sah Lina nicht so aus, als bräuchte sie Ausgleich.

Wir guckten beide stumm vor uns hin. Ich wusste überhaupt nicht, was ich sagen sollte. Wenn Frau Schmidt Zettel herumschickte, gab ich Lina einen und sagte »da« oder »bitte«, oder was man so sagt. Ich wünschte wirklich, Frau Schmidt hätte sie neben Evi gesetzt, denn die hätte bestimmt was zu reden gewusst.

In der Pause kam Sofie mit ein paar Fragezeichen-Mädchen angerannt und zog Lina mit auf den Schulhof. Evi rollte mit den Augen.

»Lass mal gucken, was die machen«, schlug sie vor, und wir schlichen schnell hinter den Fragezeichen her. Sofie zockelte mit Lina an der Hand über den Hof und sagte komische Dinge wie »Baum. Das ist ein Baum. Los, sprich mal nach: Baum.«

Lina schüttelte Sofies Hand ab, und wenn mich nicht alles täuschte, war die Falte auf ihrer Stirn noch tiefer geworden. »Baum« sagte sie jedenfalls nicht.

Evi prustete laut los. »Sind die total behämmert?«, fragte sie. »Da kann sie einem ja direkt leidtun, auch wenn sie kein Fußball spielt.«

Als ich mittags nach Hause ging, spazierte Evi einfach neben mir her.

»Bleibst du nicht hier?«, fragte ich, denn normalerweise ist Evi in der Spätbetreuung. Sie schüttelte den Kopf.

»Und wo isst du zu Mittag?«, fragte ich weiter.

»Bei dir«, antwortete sie erstaunt. »Wir sind doch jetzt eine Bande. Mama sagt, ich darf.«

Ich hoffte, dass Evis Mama das mit Oma und Opa abgesprochen hatte, denn bei denen läuft immer alles nach Plan. Wenn Evis Mama allerdings auch nur ein winziges bisschen Ähnlichkeit mit ihrer Tochter hatte, dann war ich mir nicht so sicher.

Wo wir nun schon nebeneinanderher liefen, nutzte ich die Gelegenheit, etwas Wichtiges mit Evi zu besprechen.

»Wie soll unsere Bande eigentlich heißen?«, fragte ich. Ich hatte mir die halbe Nacht Gedanken über einen Bandennamen gemacht, wenn ich auch kaum zu hoffen wagte, dass Evi etwas anderes als ihren eigenen Vorschlag akzeptieren würde. Leider spuckte Evi zur Antwort abfällig auf den Gehweg.

«Wir brauchen keinen Namen», sagte sie. «Das ist was für Idioten. Die 22 Fragezeichen, pff, wer will denn so heißen?»

Eigentlich hätte ich richtig gern so geheißen, aber ich hütete mich davor, das Evi zu verraten.

Als Opa uns öffnete, sah er nicht so aus, als wüsste er, dass Evi zum Mittagessen eingeladen war. Er sah trotzdem so aus, als würde er sich freuen.

»Sieh an, die junge Anglerin«, sagte er. »Was macht die Kunst?«

Oma schaute um die Ecke und lächelte ebenfalls erfreut.

»Du isst doch wohl mit?« Sie stellte einen weiteren Teller auf den Tisch.

Evi nickte vergnügt.

»Wir sind ja jetzt eine Bande«, sagte sie. »Da macht man alles zusammen, auch essen.« Sie hob den Deckel hoch, den Oma immer auf die geblümte Suppenschüssel tut, damit das Essen heiß bleibt. Als ihre Nase wieder aus der Schüssel auftauchte, sah sie sehr zufrieden aus.

»Ich glaube, bei dir schmeckt es besser als in der Schule«, sie lächelte Oma an, und natürlich lächelte Oma zurück. Das kenne ich schon von Frau Schmidt - egal welchen Blödsinn Evi macht, sobald sie lächelt, ist Frau Schmidt nicht mehr böse.

»Wir haben jetzt eine Neue in der Klasse«, erzählte ich, denn Oma und Opa sind immer an allen Neuigkeiten aus der Schule interessiert, weil sie zu Hause nicht so viel erleben.

»Einen Flüchtling«, Evi schlürfte ein bisschen, weil die Suppe so heiß war. »Sie heißt Lina.«

Oma und Opa wechselten einen Blick.

»Ist sie nett?«, fragte Opa.

Jetzt wechselten Evi und ich einen Blick.

»Weiß nicht« sagte Evi, »bisher sagt sie nichts.«

Nach dem Essen bat Oma uns, ihr beim Einkaufen zu helfen, weil Opa einen Termin beim Arzt hatte.

»Na klar«, Evi riss Oma die Einkaufstaschen aus der Hand.

»Wir sind schließlich eine gute Bande. Hilfsbereit und alles. Nicht wie gewisse andere Banden.«

»Vielleicht können wir eine Helfer-Bande sein«, schlug ich vor, als wir uns auf den Weg gemacht hatten.

Evi sah so aus, als würde sie diesen Vorschlag in Erwägung ziehen, obwohl er nicht von ihr selbst kam. Ihr Urteil war allerdings vernichtend.

»Zu langweilig«, meinte sie. »Das machen schon die Pfadfinder. Wir machen natürlich etwas ganz Neues.«

Das war eine schlechte Nachricht, denn insgeheim hätte ich doch eine Detektivbande am besten gefunden. Es sah immer so wichtig aus, wie die 22 Fragezeichen über den Schulhof schlichen. Aber Evi war schon mittendrin in einem Vortrag über verschiedene Banden-Möglichkeiten.

»Tierschützer vielleicht«, sagte sie. »Wir könnten Tiere aus dem Zoo befreien, obwohl… ich glaube, das machen auch schon welche. Wie wäre es mit Menschen befreien, die unschuldig im Gefängnis sitzen, ich glaube, das machen nicht so viele …«

»Woher sollen wir wissen, ob die unschuldig sind?«, unterbrach ich sie. Das kann eine komplizierte Sache sein, so viel weiß ich von Mama und Papa. Die sind Richter. Beide.

Evi zuckte mit den Schultern.

Ich hatte nicht so viel Lust zu dieser Aufgabe. Sie hörte sich irgendwie verboten an und gefährlich. Evi von einer Idee abzubringen kam mir allerdings auch gefährlich vor, deshalb war ich froh, als ich auf der anderen Straßenseite Frau Schmidt auf uns zukommen sah.

»Guck mal«, sagte ich schnell. »Frau Schmidt will zu uns.«

»Wie gut, dass ich Sie treffe!«, rief Frau Schmidt in Omas Richtung und: »Hallo Nils, hallo Evi«. Dann quasselte sie auf Oma ein, dass mir Hören und Sehen verging. Sie erzählte, dass Lina jetzt in unserer Klasse sei und dass Linas Mama in Syrien bleiben musste, um sich um die kranke Großmutter zu kümmern, und dass keiner wüsste, ob sie noch lebe. Bei diesem schrecklichen Bürgerkrieg wären so viele Leute zur Flucht gezwungen, und ganze Familien würden auseinandergerissen. Wie es so Frau Schmidts Art ist, redete sie furchtbar laut. Die ganze Straße konnte es hören, und ich fragte mich wirklich, ob Lina das recht gewesen wäre. Ich hätte es nicht so toll gefunden.

»Einer müsste sich um die arme Kleine kümmern«, rief Frau Schmidt, »ihr noch mehr Deutsch beibringen, sie ein bisschen an die Hand nehmen, damit sie bald integriert ist. Aber das wird schon, unsere Mädchen sind eigentlich ganz hilfsbereit.«

»Oh nein, sie meint Sofie«, zischte Evi mir ins Ohr.

Oma sah reichlich mitgenommen aus, als wir weitergingen.

»Seltsame Person, eure Lehrerin« sagte sie kopfschüttelnd, «und was für ein Elend mit diesem Krieg!»

Evi schien das Gespräch mit Frau Schmidt ebenfalls zu beschäftigen. Sie ging eine Weile schweigend neben mir her, bevor sie mir ungewohnt sanft den Ellenbogen in die Rippen bohrte.

»Lina weiß nicht, ob ihre Mama noch lebt«, sagte sie leise, »Mann, Mann - irgendwie …«

Sie brach ab, und auch ich wusste nicht, was ich sagen sollte, also nickte ich nur. Den Rest des Weges blickte Evi nachdenklich vor sich hin.

Nach dem Einkaufen war es halb vier und Zeit für die gemütliche Stunde. Opa meinte, wir hätten auch ohne Hausaufgaben eine Pause verdient, er wisse ja selbst, wie anstrengend Einkaufen sei.

»Habt ihr schon eine Bandenaufgabe gefunden?«, erkundigte er sich, als wir alle um den Wohnzimmertisch saßen.

»Klar«, antwortete Evi mit vollem Mund.

Ich schaute verblüfft zu ihr hinüber. Meiner Meinung nach hatte ich der Gefangenenbefreiung noch gar nicht zugestimmt.

»Das ging ja flott«, Opa zog die Augenbrauen hoch. »Was wollt ihr machen?«

»In … e … a … ion!« Evis Mund war immer noch voller Kekse. Oma und Opa sahen hilfesuchend zu mir hinüber.

»Wir befreien unschuldige Gefangene«, erklärte ich.

Evi schluckte hinunter, leckte sich genüsslich die Lippen und schüttelte so energisch den Kopf, dass die Krümel in alle Richtungen spritzten.

»Quatsch! Das tun doch alle. Wir machen Integration.«

»Ach was!« Opa riss ordentlich die Augen auf. »Und wen integriert ihr?«, hakte er nach.

»Lina natürlich«, der Ton, in dem Evi das sagte, machte klar, für wie überflüssig sie diese Frage hielt.

Mir schwirrte der Kopf. Wie kam Evi nur von den Gefangenen auf Lina? Ich wusste gar nicht genau, was Integration bedeutete, auch wenn ständig alle davon redeten, dass Flüchtlinge integriert werden sollten. Was um Himmels Willen würden wir da machen?

Oma unterbrach mein Gedankenkarussell.

»Was ist, wenn Lina nicht integriert werden will?«, sagte sie. »Habt ihr sie gefragt?«

Diese Frage fand ich ziemlich überflüssig. Dass Flüchtlinge integriert werden mussten – ob sie nun wollten oder nicht –, hörte man schließlich an jeder Ecke, vor allem im Fernsehen.

Evi schien ernsthaft über Omas Frage nachzudenken.

»Nö«, gab sie schließlich zu. »Aber einer muss sich um Lina kümmern, hat Frau Schmidt gesagt. Ihr Deutsch beibringen und sie integrieren. Wenn wir das nicht machen, dann machen es die anderen.« Sie schob trotzig die Unterlippe vor und äffte Sofies Stimme nach: »»Baum. Das ist ein Baum. Los, sprich mal nach. Baum«. Wer will schon auf so eine blöde Art integriert werden?«

Darauf wusste Oma wohl nichts mehr zu sagen, denn sie lächelte nur leise in sich hinein.

Zum Glück stellte Opa jetzt die Frage, die mir schon die ganze Zeit durch den Kopf ging.

»Und wie wollt ihr vorgehen bei der … Integration?«

»Wir bringen sie natürlich mit hierher«, Evi starrte ihn an, als sei das wohl das Logischste der Welt. »Wir essen zusammen, machen Hausaufgaben, und dann wird gespielt.«

»Alles hier?« Opa sah ehrlich gesagt etwas erschrocken aus.

»Klar. Hier ist unser Bandenplatz.«

Opa legte ein bisschen den Kopf schief, und ich hatte den Eindruck, als wolle er etwas nachfragen, aber diesmal war Oma schneller.

»Dann legt mal los«, sagte sie. »Das ist überhaupt kein Problem.«

Bandenleben

ass es tatsächlich kein Problem wurde, Lina zu Oma und Opa mitzunehmen, lag komischerweise schon wieder an Frau Schmidt. Besser gesagt, es lag daran, dass Evi sich mit Frau Schmidt verbündete.

Sie marschierte am nächsten Tag in der Schule schnurstracks zu Frau Schmidt und verkündete ihr unseren Integrationsplan. Nicht mit Bande und allem Drum und Dran, sondern nur, dass wir beide uns um Lina kümmern würden. Frau Schmidt war ganz gerührt. Sie versuchte, Evi über das Haar zu streicheln, aber die zog schnell den Kopf weg. Frau Schmidt seufzte und strich stattdessen mir über den Kopf. Sie sagte, sie habe schon immer gewusst, dass wir zwei ganz Besondere seien, und sie würde mit Linas Vater sprechen.

Ich weiß nicht, wie sie Linas Papa überzeugte, als der Lina von der Schule abholen wollte, doch schließlich ging Lina mit Evi und mir mit. Richtig glücklich sah sie dabei nicht aus. Aber bei Frau Schmidt ist es wie bei Evi: Am Ende tut man, was sie sagt.

Pit und Sofie guckten säuerlich, als wir mit Lina im Schlepptau an ihnen vorbeiliefen. Evi reckte triumphierend die Nase.

»Idioten!«, sagte sie laut und vernehmlich. »Das sind zwei Idioten. Sprecht mal nach: Idioten!«

Eigentlich fand ich das gemein, aber kichern musste ich doch, und auch um Linas Mundwinkel zuckte es verdächtig. Trotzdem guckte sie starr geradeaus.

Auf dem Nachhauseweg redete Evi pausenlos auf Lina ein. Hin und wieder stellte sie ihr Fragen, auf die Lina nicht antwortete, was Evi aber nicht zu stören schien.

»Wieso heißt du eigentlich Lina? Du bist doch gar nicht aus Schweden!«

»Vielleicht solltest du langsamer reden?«, schlug ich vor.

»Quatsch!«, sagte Evi. »Sie soll es doch richtig lernen, nicht so ein Lahme-Enten-Deutsch.«

In diesem Moment drehte Lina sich zu uns um und sah uns fest in die Augen: »Wieso Schweden? Heißen viele Mädchen Lina in Syrien. Ist ein arabisches Name.«

Für den Rest des Weges blieb sie wieder stumm, aber auch Evi und mir hatte es vor Verblüffung die Sprache verschlagen. Wer konnte denn ahnen, dass Lina schon so viel Deutsch verstand?

Als Evi bei Oma und Opa klingelte, sah Lina aus, als wäre sie am liebsten woanders. Wieder hatte sie eine steile Falte auf der Stirn.

Evi knuffte sie in die Seite.

»Das wird schon!« Ihre Stimme hörte sich fast ein bisschen tröstend an. »Oma und Opa sind nett, glaub mir das.«

Mit diesen Worten drückte sie zum zweiten Mal energisch auf die Klingel.

Opa öffnete wie immer die Tür und sah auch sonst aus wie immer und nicht so, als würde es ihn stören, dass ich jeden Tag ein Mädchen mehr mitbrachte.

»Na, Kinners«, sagte er. »Was macht die Kunst?«

»Der Kunst geht's gut«, Evi piekte Opa lachend in den Bauch, als würde sie ihn schon ewig kennen und nicht erst seit vorgestern. Sie zog Lina hinter sich her in die Wohnung, schob sie auf einen Stuhl am Esstisch, und dann begann unser erster Tag als Integrationsbande genauso wie alle darauffolgenden Tage beginnen sollten: mit einem gemeinsamen Mittagessen bei Oma und Opa.

Auch der Rest des ersten Bandennachmittages lief so ab, wie es in den nächsten Wochen bei Oma und Opa immer ablaufen sollte: voll nach Plan.

Nach dem Essen scheuchte Oma uns zu den Hausaufgaben (während sie und Opa einkaufen gingen), um halb vier scheuchte sie uns zur gemütlichen Stunde, und danach hatten wir Freizeit. Um halb sieben klingelten Mama und Papa, und Evi und Lina gingen nach Hause.

Es war nicht ganz einfach, Evi an den Plan zu gewöhnen. Das hatte ich auch vermutet, denn Frau Schmidt versucht schon seit der ersten Klasse, Evi an Pläne zu gewöhnen.

»Hausaufgaben?«, protestierte sie nach dem Essen. »Wir müssen integrieren!«

Aber da kannte sie Oma schlecht.

»Es heißt: erst die Arbeit, dann das Vergnügen«, sie schob Evi sanft auf ihren Stuhl zurück. »Integriert wird später.«

Erstaunlicherweise ließ Evi sich das gefallen, und ich dachte, dass Frau Schmidt wohl noch was von Oma lernen konnte.

Egal ob wir fertig waren oder nicht – um Punkt halb vier steckte Oma den Kopf durch die Tür, klatschte in die Hände und sagte: »Genug geplagt! Es gibt Kakao.«

An die gemütliche Stunde musste natürlich keiner von uns gewöhnt werden, dafür waren Omas Kakao und Kuchen einfach zu gut. Danach hatten wir Freizeit.

»Ihr dürft mit allem spielen, was keinen Bildschirm hat«, sagte Oma am ersten Tag.

»Vielleicht Nachrichten gucken?«, fragte Evi lauernd. »Das bildet, und man lernt gutes Deutsch. Das wäre super für die Integration.«

»Nix da. Die zeigen nur Krieg und Elend, das ist nicht gut für Kinder.« Mit diesen Worten verließ Oma das Esszimmer und ließ uns allein.

Ich fand das ein bisschen ungerecht, denn beim Nachrichtengucken hatte ich Oma in letzter Zeit häufiger erwischt, auch wenn sie sonst nicht viel von Fernsehern und Computern hielt.

»Was machen wir jetzt?«, fragte ich Evi. Ich war ein bisschen nervös, weil es ja unser erster Einsatz als Integrationsbande war. »Ich hab doch gar keine Spiele zum Deutschlernen hier.«

»Bist du blöd? Ich mache doch keine Lernspiele in meiner Freizeit! Davon gibt es schon genug bei Ergo-Elke.« Evi durchwühlte die kleine Spielekiste, die ich bei Oma und Opa habe, und zog mit triumphierendem Blick einen Kniffel-Block heraus. »Das reicht. Wir integrieren einfach nebenbei.«

So machten wir es, und es war erstaunlich, wie gut es funktionierte! Was Kniffel, Full House und Große Straße hieß, lernte Lina schon am ersten Nachmittag, und von da an verbesserte sich ihr Deutsch in rasender Geschwindigkeit.

»Das liegt an meiner super Labertechnik«, verkündete Evi großspurig. In der Tat: Sie redete während des Kniffelns ohne Punkt und Komma. Sie erzählte von ihrer Mama, die Leute gesund macht, und von ihrem Papa, der Briefe austrägt, und davon, dass sie gern einen Hund hätte oder einen großen Bruder und dass sie später Astronautin werden würde. Außerdem stellte sie Lina und mir tausend Fragen, ich war es gar nicht gewohnt, so viel Rede und Antwort zu stehen. Lina antwortete anfangs nur mit einem Schulterzucken, aber zu meinem größten Erstaunen quasselte sie nach ein paar Wochen fast so viel wie Evi. Dass sie auch gern einen Hund hätte und später Schauspielerin werden würde oder vielleicht Deutschlehrerin. Dass ihr Vater Konditor sei und mindestens so gut Kuchen backen könne wie Oma - eigentlich noch besser, mit viel mehr Gewürzen.

»Und deine Mutter?«, fragte Evi an dieser Stelle. »Was arbeitet die?«

Auf diese Frage gab Lina keine Antwort. Ihr Gesicht wurde ganz stumm und sie schaute an uns vorbei.

»Ist auch egal«, murmelte Evi. »Guckt mal, den habe ich bei Ergo-Elke genäht - zur Beruhigung!« Sie zückte einen unförmigen bunten Stoffball und schleuderte ihn Lina an den Kopf. Lina warf ihn zurück, und wir mussten alle drei lachen.

Eines war allerdings komisch. Je besser Lina Deutsch sprach, desto mehr Ähnlichkeit bekam sie mit Evi, und bald hatte ich den Verdacht, dass Lina vielleicht auch kein ausgleichendes Gemüt hatte. Aber obwohl die beiden immer häufiger stritten, lief in den ersten Wochen noch alles nach Plan.

Schon bald jedoch änderten sich die Dinge, und unser gemütliches Bandenleben geriet ganz durcheinander. Den Anfang machte die Geschichte mit den 22 Fragezeichen, die sich auf mysteriöse Weise verkleinert hatten und nur noch aus Sofie und Pit zu bestehen schienen.

»Ich glaube, die sind gar keine richtige Detektivbande mehr«, bemerkte Evi eines Tages zufrieden.

»Detektivbande ist schwer«, sagte Lina.

»Woher willst du das wissen?«, fragte Evi angriffslustig.

»Zu Hause wir hatten auch ein Detektivbande«, konterte Lina. »Ich war Chef.«

Evi zog geringschätzig die Mundwinkel nach unten, aber davon ließ Lina sich nicht aus der Ruhe bringen.

»Wir hatten ein Buch«, erzählte sie. »In der Buch wir lesen alles, was ein Detektiv wissen muss. Indizien sicherstellen, Leute beschatten - solche Sachen.«

Ich wunderte mich wirklich, dass sie so schwierige Wörter kannte. Entweder hatten Evi und ich ihr echt gut Deutsch beigebracht, oder eine erfahrene Detektivin schüttelt so etwas aus dem Ärmel.

Evi schien weniger beeindruckt zu sein.

»Ich hoffe, ihr wart erfolgreicher als die Idioten da drüben.«
Sie zeigte auf Sofie und Pit, die gerade total auffällig hinter Adil
und Mohammed herliefen, den beiden Fußballern aus der A.
Es sah so komisch aus, dass wir alle kichern mussten.

Evi gab uns ein Zeichen, den beiden verbleibenden Fragezeichen zu folgen. Ich fand es ein bisschen peinlich, und Lina
rollte mit den Augen, aber trotzdem schlichen wir drei hinter
Pit und Sofie her, die wiederum Adil und Mohammed folg-
ten.

Irgendetwas müssen wir allerdings falsch gemacht haben,
denn schon nach ein paar Metern drehte sich Pit um und
funkelte uns an.

»Haut ab! Wir beschatten in einem wichtigen Fall!«

Evi prustete los: »Was soll das denn für ein Fall sein? Ihr
rennt hinter Adil und Mohammed her! Ich glaube viel eher,
ihr seid verknallt.«

Sofie sah geringschätzig zu uns rüber.

»Na ja …«, sagte sie gedehnt. »Wir passen auf, wer sich so
rumtreibt, wer was plant und so …«

So ein geheimnisvolles Getue war natürlich nichts für
Evi.

»Sag schon, was los ist«, herrschte sie sie an. »Was haben
sie ausgefressen? Ne Scheibe eingeballert beim Fußball? Den
Kleinen den Ball geklaut?«

Sie ging ganz dicht an Sofie ran, und Pit versuchte Sofie
wegzuziehen, aber auch die ist kein ausgleichendes Gemüt.
Sie schaute Evi voll ins Gesicht.

»Bekommst du eigentlich gar nichts mit von der Welt? Lauter Leute planen Anschläge, Leute, von denen man das gar nicht denkt.« Sofie sah vielsagend zwischen Adil und Mohammed und Lina hin und her. »Das sagt meine Mutter, und im Fernsehen sagen sie es auch!«

Ich verstand nicht recht, was sie meinte. Es stimmte schon, dass im Fernsehen jetzt häufig über Terroranschläge berichtet wurde. Früher waren die Bomben zumindest weit weg gewesen, an Orten, von denen ich noch nie gehört hatte. Jetzt passierten solche Sachen offenbar in Städten, die man kannte, in London, Paris oder Berlin, und manchmal fragte ich mich, ob so etwas auch bei uns passieren konnte. Aber was hatte das mit Adil und Mohammed zu tun?

Auch Evi schien ein paar Sekunden nachzudenken.

»Du glaubst, dass Adil und Mohammed einen Anschlag planen?«, fragte sie schließlich mit gefährlich leiser Stimme.

»Wer weiß?« Sofie zuckte mit den Schultern. »Die Unauffälligen sind die Schlimmsten, sagt meine Mutter.«

»Das denkt ihr tatsächlich von Mohammed und Adil?«, versicherte Evi sich noch einmal. Ihre Stimme war nur ein winziges bisschen lauter geworden, aber ich wusste, wenn Pit oder Sofie jetzt das Falsche sagten, dann gab es Ärger.

Leider schnallten die beiden überhaupt nichts. Im Gegenteil.

»Vielleicht solltet ihr auch ein bisschen vorsichtig sein«, verkündete Sofie mit vielsagendem Blick in Linas Richtung. »Keiner weiß, was in diesen Leuten vorgeht.«

So sehr ich damit gerechnet hatte, dass Evi ausrasten würde - die Heftigkeit, mit der sie es tat, kam doch ein bisschen überraschend. Das Brüllen, das von tief unten aus ihr herauskam, war so laut, dass Sofie und Pit sofort einen Satz zur Seite machten. Das war ihr Glück, denn damit hatten sie zumindest einen Vorsprung, als Evi hinter ihnen herhechtete.

»Seid ihr total bescheuert? Erst latscht ihr mit Lina über den Schulhof und sagt ›Baum‹, und jetzt denkt ihr, sie plant einen Anschlag?« Evis Stimme überschlug sich fast vor Wut. Es war erstaunlich, wie gut sie brüllen konnte, während sie hinter Sofie und Pit herraste.

Ich war wie erstarrt, und Lina fiel mir erst wieder ein, als ich ihren Ellenbogen zwischen den Rippen spürte.

»Hinterher«, stieß sie hervor. »Evi helfen.«

Ich dachte, dass Evi es ganz bestimmt allein mit Sofie und Pit aufnehmen konnte, aber Lina packte meinen Arm und rannte los. Evi hatte es inzwischen geschafft, Sofie zu Fall zu bringen, und trommelte wütend auf ihren Rücken ein. Pit suchte heulend nach einem Lehrer.

Erst jetzt bemerkte ich, dass Lina mit »Evi helfen« etwas anderes im Sinn hatte. Sie versuchte mit angestrengtem Gesicht, Evi von Sofie herunterzuziehen.

»Hör auf«, rief sie, während sie vergeblich an der wütenden Evi zerrte, »ist ein blödes Arschloch, aber ist nicht wert. Los, abhauen, gleich kommt Frau Schmidt, und gibt nur Ärger.«

Ich schob von der anderen Seite, und mit vereinten Kräften kriegten wir Evi so weit gebändigt, dass Sofie sich befreien und abhauen konnte.

Ich schaute mich vorsichtig um. Nirgendwo lagen Zähne oder Haarbüschel, also waren wir offenbar noch rechtzeitig gekommen. Erschöpft setzten wir uns neben Evi, und keiner sagte ein Wort.

Conni mit der Schleife im Haar

Ä rger gab es leider trotzdem, auch wenn Sofie fast keinen Schaden genommen hatte. Evi musste nach der Schule ein ernstes Gespräch mit Frau Schmidt führen, und darum klingelten wir eine halbe Stunde später als sonst bei Oma und Opa.

Als Opa die Tür öffnete, sah er ungewohnt streng aus, und statt »Was macht die Kunst?« sagte er: »So geht das nicht, Kinners. Wir machen uns doch Sorgen!«

So kam es, dass wir Oma und Opa alles erzählten, was in der Schule passiert war, von Sofie und Pit und Adil und Mohammed und der Prügelei und dem ernsten Gespräch. Und dann passierte etwas, was ich noch nie erlebt hatte. Opa haute mit der Faust auf den Tisch.

»Das kann doch wohl nicht wahr sein!«

»Es ist kaum was passiert«, beeilte ich mich zu sagen. »Sofie hat noch nicht mal geblutet.«

»Das meine ich nicht«, Opa wedelte ungeduldig mit der Hand. »Obwohl man natürlich nicht hauen soll«, fügte er mit einem schnellen Seitenblick auf Evi hinzu, die auf ihrem Stuhl mit den Beinen schlenkerte. »Dass diese Leute jetzt ihre

Kinder aufstacheln, dass schon Kinder andere Kinder ver-
dächtigen – es ist doch wirklich nicht zu fassen.«

Oma hatte bisher nur zugehört, aber jetzt mischte sie sich
ein.

»Das war schon immer so, Hans«, sagte sie mit einem leisen Lächeln. »Fremde werden verdächtigt.«

»Aber das sind Kinder, Renatchen, Kinder...«, protestierte Opa.

Oma warf ihm einen langen Blick zu und ging in die
Küche.

Opa wackelte eine Weile nachdenklich mit dem Kopf.

»Eigentlich hat sie recht«, sagte er schließlich. »Damals haben die Flüchtlingskinder auch jede Menge auf die Mütze gekriegt …«

»Hä?« Evis Interesse war geweckt. »Was denn für Flüchtlingskinder?«

»Ach«, sagte Opa abwehrend. »Das ist lange her.«

Aber da kannte er Evi schlecht. So war ihre Neugier erst recht angestachelt.

»Nun erzähl schon«, drängelte sie.

Opa drehte sich um, als wolle er erst Oma um Rat fragen, aber die werkelte laut und vernehmlich in der Küche herum.

»Zum Ende des Zweiten Weltkriegs waren schon mal viele Flüchtlinge hier«, gab Opa widerwillig nach. »Und nach dem Krieg. Ziemlich viele sogar, bei mir in der Klasse waren bestimmt zehn.«

»Aus Syrien?«, fragte Lina.

Opa schüttelte den Kopf.

»Aus Osteuropa. Heutiges Polen oder Russland, Tschechien auch.«

»War bei denen auch Krieg?«, erkundigte ich mich vorsichtig, denn beim Zweiten Weltkrieg fand ich immer alles sehr unübersichtlich. In der Schule hatten wir das noch nicht so richtig gehabt.

Opa nickte.

»Zum Teil sind sie vor den Kämpfen dort geflohen, zum Teil wurden sie nach dem Krieg vertrieben, weil sie Deutsche waren.«

Gerade als ich sagen wollte, dass es ziemlich gemein war, Leute rauszuschmeißen, nur weil sie Deutsche waren, schob Opa hinterher: »So wie viele Deutsche dort während des Krieges gewütet hatten, konnte man ja verstehen, dass die übrige Bevölkerung keine Deutschen mehr um sich haben wollte. Für die Vertriebenen war es natürlich trotzdem schrecklich. Niemand sollte gezwungen sein, seine Heimat zu verlassen.«

Lina schien verwirrt über das, was Opa gesagt hatte:»Waren Deutsche und sind nach Deutschland gegangen?« Sie suchte eine Weile nach den richtigen Worten. »Waren keine Flüchtlinge. Ist wie umziehen.«

Mir leuchtete das ein, aber Opa schüttelte den Kopf.

»Oh nein! Das war eine richtige Flucht, es sind viele gestorben damals, und die Leute haben schlimme Dinge erlebt – vermutlich war es so ähnlich wie das, was Flüchtende heute erleben.«

Ich guckte schnell zu Lina hinüber, denn über so etwas sprachen wir normalerweise nicht. Aber sie hörte Opa ganz interessiert zu.

»Trotzdem anders«, beharrte sie. »Deutsche sprechen Deutsch. Gibt keine Probleme.«

»Schon«, gab Opa zu. »Es war bestimmt leichter, weil sie sich verständigen konnten, aber sie waren trotzdem überall die Fremden. Nicht nur, dass sie natürlich nach der Flucht nichts besaßen – ihre Kleider sahen anders aus, ihr Deutsch hörte sich anders an. Irgendwie ... komisch.«

»Habt ihr sie etwa geärgert?« Evi sah Opa empört an.

Opa wand sich ein bisschen hin und her.

»Anfangs schon«, gab er schließlich zu. »Nicht alle natürlich«, beeilte er sich zu sagen, als er Evis ärgerlichen Gesichtsausdruck sah.

»Und du?« Evi konnte verdammt hartnäckig sein. »Hast du auch geärgert?«

Opa versuchte zu lachen, doch so ganz gelang es ihm nicht. Er druckste ein bisschen herum, dann gab er sich einen Ruck.

»Ja, ich auch. Zuerst. Später nicht mehr. Als die Flücht-lingsfamilie bei uns einzog, da …« – »Bei euch einzog?« Evi zog ungläubig die Augenbrauen hoch. »Bist du dir sicher?« Nun lachte Opa wirklich.

»Klar. Das war anders damals. Es gab zwar Notunterkünfte wie heute, aber viele Menschen waren bei Privatleuten un-tergebracht. Wenn eine Familie zu viele Zimmer hatte, dann musste sie Flüchtlinge aufnehmen.«

»Ohne zu fragen? Da konnte einfach irgendjemand bei dir wohnen?« Ich versuchte mir vorzustellen, wie es wäre, wenn auf einmal fremde Leute in Mamas Arbeitszimmer ein-ziehen würden.

Selbst Lina sah skeptisch aus, obwohl ich dachte, dass sie bestimmt nicht so gern im Übergangswohnheim lebte.

»Vielleicht nicht schön«, sagte sie nachdenklich. »Die Leute mögen das nicht. Man stört.«

Opa zuckte mit den Schultern.

»Einerseits. Meine Mutter war auch nicht begeistert, dass sie unser Wohnzimmer freiräumen sollte für eine fremde Fa-milie. Andererseits lernte man sich besser kennen als heutzu-tage. Man musste ja die Küche teilen und das Bad.«

»Waren sie denn nett?«, fragte ich. »Also, eure Flüchtlings-familie?«

Opa lächelte versonnen vor sich hin.

»Sehr«, sagte er. »Das war es ja gerade. Meine Mutter war eigentlich wild entschlossen gewesen, sie nicht zu mögen. ›Halt dich fern vom Flüchtlingspack‹, hatte sie mir vor ihrem Einzug immer eingeschärft.«

Evi riss schon wieder empört die Augen auf, und Lina senkte den Kopf, aber Opa schien es gar nicht zu bemerken.

»Auf keinen Fall wollte sie ihnen von unserem Essen abgeben. Aber als sie dann vor uns standen an diesem ungemütlichen Novemberabend, eine Mutter mit zwei kleinen Töchtern - tja, da konnte sie wohl nicht anders.« Opa zuckte mit den Schultern. »Da gab sie ihnen doch etwas ab, weil sie ja gar nichts hatten und schrecklich hungrig waren. Krank übrigens auch, ach, es war ein Elend.«

Opa sah aus, als wäre er tief in eine andere Zeit versunken, und Evi musste richtig an ihm rütteln, um ihn zum Weitererzählen zu bewegen.

»Das ältere Mädchen war so alt wie ich, und sie kam in meine Klasse, und da war es dann endgültig vorbei mit dem Ärgern. Dafür mochte ich sie viel zu gern. Und hübsch war sie auch.« Opa hatte glänzende Augen, als er erzählte. Ich sah, wie Evi Lina in die Rippen stupste, mit den Augen rollte und mit den Lippen das Wort ›verknallt‹ formte. Lina kicherte. Ich fand es fast ein bisschen gemein von den beiden, aber Opa merkte zum Glück nichts.

»Sie hatte lange blonde Haare, und in den Haaren trug sie eine Schleife, vielleicht weil sie keine Haarspangen hatte. Eine rote Schleife hatte sie im Haar.«

Bei diesen Worten war es um Evis Fassung geschehen.

»Conni!«, trompetete sie. »Das war Conni. Conni mit der Schleife im Haar …«

Nun war es an Opa, verdutzt zu gucken, und auch Lina sah total verwirrt aus, denn sie kannte die Bücher von Conni natürlich nicht. Aber ich musste mitlachen. Conni war wirklich überall: im Kindergarten, beim Arzt, im Schwimmbad und sonstwo. Und jetzt war Conni also auch ein Flüchtling.

Gerade als ich Opa fragen wollte, wie das Mädchen mit der Schleife im Haar in Wirklichkeit geheißen hatte, kam Oma mit dem Mittagessen herein.

»Und, Oma? Hattet ihr auch eine Flüchtlingsfamilie bei euch?«, fragte Evi vergnügt. »Auch Conni mit der Schleife im Haar oder vielleicht Pippi Langstrumpf?« Evi wollte sich wegschmeißen vor Lachen.

Oma schüttelte nur mit ihrem feinen Lächeln den Kopf.

»Nein, das hatten wir nicht«, antwortete sie. »Und jetzt lassen wir mal die alten Geschichten ruhen. Jetzt gibt es Mittagessen. Guten Appetit.«

Nach dem Essen sagte Oma, sie müsse sich ausruhen und ging ins Wohnzimmer. Opa ging also allein einkaufen, und wir machten unsere Hausaufgaben wie immer, aber etwas war anders als sonst.

»Was macht denn Oma für einen Lärm beim Ausruhen?«, fragte Evi.

»Ist nicht Oma, ist der Fernseher«, antwortete Lina ungerührt.

Auch wenn es sich unbestreitbar nach dem Fernseher anhörte, wunderte ich mich ein bisschen. Oma sah nachmittags nur ganz selten fern.

»Was guckt sie denn?« Evi schlich neugierig zur Wohnzimmertür und öffnete sie einen Spaltbreit. »Sieht nach Ge-
baller aus«, sie drehte sich zu uns um. »Western oder so.«

»Oma guckt doch keine Western.« Ich gesellte mich zu
Evi.

Tatsächlich saß Oma so gebannt vor dem Fernseher, wie
ich es noch nie gesehen hatte - und irgendwie sah es so aus,

als würde ihr das nicht bekommen. Lina schaute mir über die Schulter.

»Nachrichten«, sagte sie. »Krieg. Gucken bei uns auch alle, nur auf Arabisch.«

»Das guckt ihr euch an? Im Ernst? Ich meine, wo ihr doch ...«, ich brach ab, weil ich nicht wusste, wie ich Lina erklären sollte, wie komisch ich es fand, dass jemand, der vor dem Krieg flieht, sich den Krieg im Fernsehen anschaut.

Sie schien mich auch ohne Worte zu verstehen.

»Man muss was mitkriegen von zu Hause«, sagte sie mit ausdrucksloser Miene.

Ich wollte gerade sagen, dass das ja wohl nicht das Schönste war, was man von zu Hause mitkriegen konnte, als Opa schnaufend mit zwei großen Taschen beladen vom Einkaufen zurückkam.

Er ließ sich auf einen Stuhl fallen und tupfte sich den Schweiß von der Stirn.

»Was schleppst du denn hier an?« Ich zeigte auf die prall gefüllten Taschen, die ziemlich schwer aussahen.

»Ach«, Opa winkte ab. »Nur ein paar Vorräte, die Oma haben möchte.«

»Was für Vorräte?«, fragte Lina, während Evi sofort in eine Tasche griff und eine Dose herausangelte.

»Erbsensuppe«, las sie vor. »Igitt. Wer braucht denn so was? Und dann so viele ...«

Lina fing an zu zählen.

»Elf«, verkündete sie. »Macht ihr ein Fest?«

»Oh, elf!« Oma hatte inzwischen den Fernseher ausge-
schaltet und sich zu uns gesellt. »Das ist ein gutes Zeichen.«
Wir sahen sie erstaunt an.

»Elf ist meine Lieblingszahl«, verkündete Oma. »Besonders der elfte Elfte. Das ist mein Glückstag, nicht wahr, Hans?«

Opa lächelte müde und tupfte sich die Stirn.

»Macht ihr ein Fest?«, wiederholte Lina.

Evi starrte sie entsetzt an.

»Hoffentlich nicht mit Erbsensuppe!«, sagte sie. »Die mag
doch kein Mensch!«

Opa erhob sich seufzend.

»Komm, Renatchen, wir versuchen, sie ins Vorratsregal zu
quetschen. Wenn das mal nicht bald zusammenbricht.«

Sie gingen in die Küche und wir zurück an die Hausaufgaben, und an diesem Tag vergaß Oma, uns um halb vier einen
Kakao zu bringen. Rückblickend hätten wir da natürlich misstrauisch werden müssen, aber die Dinge rückten in den Hin-
tergrund gegenüber dem, was eine Woche später geschah.

Lina stellt einen Antrag

Die Bombe platzte in der großen Pause. »Ich will ein Ban-denmitglied sein!«, sagte Lina.

Erst verstand ich nicht, was sie meinte. Lina war doch ein Mitglied unserer Bande … und erst da fiel es mir ein. Die Bande waren ja nur Evi und ich! Irgendwie hatte ich das vergessen, weil wir alles zusammen machten und Lina so gut Deutsch sprach und sich andauernd mit Evi stritt – man merkte einfach keinen Unterschied.

»Von mir aus …«, begann ich, aber – zack! – hatte ich Evis Ellenbogen zwischen den Rippen. Sie wusste offenbar noch gut, wer zur Bande gehörte und wer nicht.

»Das geht nicht.«

»Warum nicht?«, fragte Lina mit einer so hohen, schnel-len Stimme, dass es sich fast anhörte wie ein Wort: Warum-nich?

Evi setzte sich auf die Bank und schlenkerte mit den Beinen.

»Wir sind doch eine Integrationsbande«, erklärte sie, den Blick fest auf die Schuhspitzen gerichtet. »Du bist unsere Aufgabe – die kann man nicht einfach weglassen.«

»Ich will keine Aufgabe sein.« Lina starrte Evi böse an.

»Wieso nicht?« Evi schaute jetzt auch hoch. »Das ist fast das Wichtigste in einer Bande«

»Quatsch«, sagte Lina wütend. »Aufgabe sein ist blöd. Außerdem die Aufgabe ist vorbei. Ich weiß gut Bescheid. Und Deutsch kann ich auch.«

»Also eigentlich …«, setzte ich wieder an.

»Gar nicht Quatsch«, fiel mir Evi ins Wort. »Wenn man keine Aufgabe hat, dann ist man keine Bande mehr - und darum brauchen wir dich. So!« Sie stampfte mit dem Fuß auf.

Insgeheim musste ich ihr recht geben. Die 22 Fragezeichen waren schließlich auf zwei einsame Mitglieder geschrumpft, weil sie mit ihrer Detektivarbeit nicht weiterkamen. Ich mochte gar nicht daran denken, dass sich unsere Bande auflösen könnte … Mein Magen krampfte sich richtig zusammen.

Es sah nicht so aus, als würde Lina das einsehen. Sie stampfte ebenfalls mit dem Fuß auf und sah genauso wütend aus wie Evi.

»Die Aufgabe ist fertig«, beharrte sie. »Wir gründen ein neues Bande. Vielleicht Detektiv, damit ich kenne mich aus.«

Schlagartig beruhigte sich mein Magen wieder. Eine neue Bande – das war die Lösung! Und insgeheim hatte ich Detektivbanden schon immer am tollsten gefunden.

Leider schien Evi überhaupt nicht überzeugt.

»Pff«, schnaubte sie verächtlich. »Detektivbande? Ohne Fall? Man sieht doch, was dabei rumkommt.«

Sie hatte mit großer Genugtuung den Zerfall der 22 Fragezeichen beobachtet.

Eine Weile schwiegen wir alle drei. Dann stand Evi auf.

»Seht ihr«, sagte sie, »es gibt keine guten Fälle. Darum kannst du kein Mitglied sein.« Sie sah fast ein bisschen aus, als würde ihr das leidtun, als sie sich zum Gehen wandte.

Ich linste vorsichtig zu Lina hinüber, der die Tränen in den Augen standen. Ich wusste nicht, ob sie wütend oder traurig war oder beides, und was ich tun sollte, wusste ich auch nicht.

Den Rest des Schultages sprachen Evi und Lina nicht miteinander, und als ich nach der letzten Stunde an der Tür auf sie wartete, schüttelte Evi grimmig den Kopf.

»Ergo-Elke«, presste sie hervor, dabei hatte sie ihren Ergo-Termin seit Gründung der Bande immer am Samstagvormittag, das wusste ich genau. Ihr Mutter sei davon nicht so begeistert gewesen, hatte Evi erzählt, aber Ergo-Elke habe gesagt, die Bande sei gut für Evis soziale Kompetenz.

Auf jeden Fall kam Evi nicht mit, und auch Lina zuckte mit den Schultern und sagte, dass sie ihrem Vater helfen müsse bei wichtigen Papieren, die er auf Deutsch nicht verstand.

Ich war es gar nicht mehr gewohnt allein nach Hause zu gehen. Früher hatte ich auf dem Weg Wolkenbilder geraten oder mir Abenteuer ausgedacht, aber heute musste ich die ganze Zeit daran denken, dass unsere Bande sich vielleicht auflösen würde, und ich hoffte sehr, dass Oma oder Opa mir helfen konnten.

Opa schien jedoch nicht recht bei der Sache zu sein, als er mir die Tür öffnete. Er sagte nicht »Was macht die Kunst?«, und zunächst fiel ihm noch nicht einmal auf, dass Evi und Lina fehlten. Erst als ich mich an den Tisch gesetzt hatte, fragte er erstaunt: »Huch? Wo sind denn die jungen Damen?«

»Keine Zeit«, murmelte ich und schaute etwas enttäuscht auf die Bratkartoffeln auf meinem Teller. Bratkartoffeln waren ein sicheres Zeichen dafür, dass Opa am Herd gestanden hatte, und leider schmeckte sein Essen nicht halb so gut wie das von Oma. Bei ihm gab es entweder Bratkartoffeln oder Rührei, und wenn mich nicht alles täuschte, hatte es beides in der letzten Woche schon mehrmals gegeben.

»Wieso hat Oma keine Zeit mehr zu kochen? In letzter Zeit machst das immer du!«

Ich hoffte, dass sich das nicht allzu unhöflich anhörte. Opa ruckte mit dem Kopf in Richtung Wohnzimmer.

»Fernsehen«, antwortete er knapp. Dann schwiegen wir beide. Irgendwann konnte ich es nicht mehr aushalten.

»Opa …«, sagte ich. »Lina will ein echtes Bandenmitglied werden, und Evi will das nicht, weil wir dann keine Aufgabe mehr haben, und jetzt weiß ich gar nicht, ob wir noch eine Bande sind, und …« Ich fühlte, wie meine Stimme anfing zu zittern, und ich wünschte mir so sehr, dass Opa einfach zu mir kommen und »Na, na, min Jung, dat löppt sik allens trech« sagen würde, aber das tat er nicht. Er saß mit leerem Blick da, und es dauerte ein paar Sekunden, bis er überhaupt merkte, dass ich eine Antwort von ihm wollte.

»Na, so was«, sagte er schließlich langsam, aber nicht in seiner bedächtigen Opa-Art, sondern eher so, als wäre er müde. »Was soll man da nur machen?«

Trotzdem hatte ich die Hoffnung, dass er sich gleich be-rappeln und mit mir gemeinsam nach einer Lösung suchen würde, aber leider rief Oma aus dem Wohnzimmer: »Hans! Wir müssen einkaufen!«

Also verbrachte ich den Nachmittag allein in Omas und Opas Wohnung. Mit den Hausaufgaben war ich schneller fertig als sonst, weil Evi und Lina nicht pausenlos stritten. Aber es machte weniger Spaß.

Danach wusste ich nicht, was ich machen sollte. Normalerweise hätten wir jetzt Kakao getrunken, aber Oma war ja nicht da, um welchen zu kochen. Danach hätten wir wahrscheinlich gekniffelt und dabei hätten sich Evi und Lina gestritten, aber sie waren ja nicht da, um sich zu streiten. Es war so langweilig, dass ich froh war, als Oma und Opa heimkamen.

»Nils, hilfst du mir beim Einräumen?«, rief Oma mit munterer Stimme.

»Na klar!« Ich war froh, etwas zu tun zu haben, und Oma konnte auch wirklich Hilfe gebrauchen. Vier große Einkaufstaschen standen in der Ecke. Opa saß mit rotem Gesicht auf einem Stuhl, während Oma geschäftig auf und ab lief und mir Anweisungen gab.

»Räum die Taschen aus, Nils, und ab damit ins Regal!«

Ich zerrte die erste Tasche zu mir heran und warf einen Blick hinein. Was ich dort sah, konnte ich kaum glauben: schon wieder Erbsensuppe!

»Oma? Habt ihr nicht erst letzte Woche …?«

Aber Oma hörte mir gar nicht zu. Sie bekam gerade einen besorgten Gesichtsausdruck.

»Das Vorratsregal ist voll. Hans, du musst ein neues bauen!«

»Ein neues Regal? Aber wohin denn?«

Das fragte ich mich allerdings auch. In der Küche war definitiv kein Platz mehr. Nicht nur, dass das Regal vor Dosen

überquoll, es stapelten sich auch schon welche auf dem Fußboden.

Opa seufzte: »Renatchen, darum kümmern wir uns morgen. Und du gehst jetzt mal rüber, Nils. Wir müssen uns noch
ein bisschen ausruhen.«

So kam es, dass ich an diesem Tag viel früher als sonst zu
Hause war. Unsere Wohnung kam mir furchtbar groß und still
vor, und wieder wusste ich nicht, was ich machen sollte. Ich
schaltete das Radio an und spielte Kniffel gegen mich selbst.
Aber es nützte nichts, die Wohnung blieb groß und still, und
ich fühlte mich immer schlechter. Schließlich beschloss ich,
mich mit Rabbit zusammen ins Bett zu legen und zu warten,
bis Mama und Papa nach Hause kamen.

Rabbit ist mein Kuschelhase, und er schläft bei mir, seit
ich denken kann. Dummerweise konnte ich ihn ausgerechnet an diesem Nachmittag nicht finden, obwohl ich mir ganz
sicher war, ihn morgens auf mein Kopfkissen gesetzt zu
haben.

Hatten sich denn heute alle gegen mich verschworen?
Erst Lina mit ihrer blöden Idee (als wäre sie nicht eh schon ein
richtiges Bandenmitglied!), dann Evi, die alte Zicke (als wäre
es nun so schlimm, einmal ohne Bandenaufgabe zu sein!),
dann Oma und Opa mit ihrer Erbsensuppe und jetzt auch
noch Rabbit.

Schließlich kroch ich ohne Rabbit ins Bett und starrte an
die Decke. Ich überlegte, wie ich es am nächsten Morgen
anstellen sollte, Evi und Lina zur Vernunft zu bringen, ihnen

klarzumachen, dass unsere Bande wichtig sei und wir bestimmt eine Lösung finden würden und all diesen Kram, den
Erwachsene einem immer predigen. Aber Erwachsene sind ja
auch nicht in einer Bande mit Evi und Lina!

Es dauerte lange, bis ich einschlief.

Ein rettendes Projekt und ein unerwarteter Ortswechsel

Als ich am nächsten Morgen in der Schule ankam, saßen Evi und Lina schweigend auf ihren Plätzen und guckten in die Luft. Ich musste schlucken. Gestern im Bett hatte es sich irgendwie richtig angefühlt, mit ihnen reden zu wollen, aber jetzt bekam ich es mit der Angst zu tun. Wenn sie bloß nicht beide so stur wären!

Es war wieder Frau Schmidt, die mir zu Hilfe kam. Sie betrat glücksstrahlend unser Klassenzimmer, klatschte dreimal in die Hände und sagte, wir sollten nach vorn in den Kreis kommen. Alle schauten sich erwartungsvoll an, sogar Evi und Lina.

Frau Schmidt verkündete, dass wir heute mit unserer Forschungsarbeit im Sachunterricht beginnen würden. Die Forschungsarbeit ist an unserer Schule eine Riesensache. Einen Monat lang forscht man als Gruppe zu einem selbst gewählten Thema, und am Ende gibt es eine richtige Ausstellung mit Plakaten und allem Drum und Dran. Evi, Lina und ich hatten schon vor Ewigkeiten beschlossen, eine Forschungsgruppe zu bilden, nur auf das Thema hatten wir uns noch nicht geeinigt. Evi hatte immer gesagt: »Da fällt mir schon was ein.« Und ich hatte mit den Schultern gezuckt, und Lina hatte zuerst auch mit den Schultern gezuckt. Und in letzter Zeit hatte sie gesagt: »Mir fällt bestimmt auch was ein.«

Frau Schmidt war mit ihrer Eröffnungsrede fertig, und ich fragte mich, ob Evi und Lina trotz des Streits an unserem Plan festhalten wollten. Keiner von uns sagte etwas, bis wir wieder auf unseren Plätzen saßen. Dann schaute Evi sich in der Klasse um, seufzte laut und vernehmlich und sagte: »Wir arbeiten trotzdem zusammen. Die anderen sind ja noch bescheuerter.«

Lina warf ihr einen wütenden Blick zu, aber sie ruckte einmal kurz mit dem Kopf, was wohl ›Ja‹ heißen sollte, und ich sagte schnell, dass wir am Nachmittag bei Oma und Opa alles besprechen könnten und dass wir bestimmt ein gutes Thema finden würden und auch eine Lösung für die Bande. Ich ratterte all die schönen Erwachsenensprüche hinunter, die ich mir am Abend zuvor im Bett überlegt hatte, so lange, bis Lina anfing zu lachen und Evi mit den Augen rollte.

»Du hörst dich an wie Ergo-Elke«, sagte sie, und ich klappte schnell den Mund zu. Dann mussten wir alle drei lachen, und ich fühlte mich wahnsinnig erleichtert.

Opa lächelte, als er uns dreien die Tür öffnete, und ich dachte schon, er würde bestimmt »Was macht die Kunst?« sagen, aber er sagte nur schnell: »Verzeihung, meine Bratkartoffeln werden schwarz« und flitzte in die Küche, so schnell ihn seine Latschen trugen.

»Nicht schon wieder Bratkartoffeln«, Evi schmiss stöhnend ihre Tasche in eine Ecke.

Ich musste ihr beipflichten. So gern ich Bratkartoffeln eigentlich aß - jeden Tag mochte ich sie nun auch nicht so gern, und leider waren sie bei Opa auch ziemlich oft schwarz.

So auch heute. Sogar Lina rümpfte ein bisschen die Nase, obwohl sie es sonst gar nicht leiden konnte, wenn Evi sich über das Essen beschwert.

»Und dann sind sie auch noch versalzen!«, moserte Evi. »Ist Opa etwa verliebt?«

Als Lina erstaunt guckte, mussten wir ihr erklären, dass man das so sagt bei Leuten, die das Essen versalzen.

»Bestimmt ist er noch immer in Conni verknallt!«, sagte Evi grinsend. »Wegen der schönen Schleife!«

Ich gab ihr einen Knuff in die Seite, denn ich wollte auf keinen Fall, dass Opa sie hörte, aber das konnte er gar nicht, denn er war schon auf dem Flur, um mit Oma einkaufen zu gehen.

An diesem Tag war es schwierig, sich auf die Hausaufgaben zu konzentrieren, da Evi alle drei Minuten aufsprang und einen Vorschlag machte, zu welchem Thema wir forschen könnten (zu Urzeitkrebsen, Frauenfußball und einer komischen Krankheit, die angeblich Kinder haben, die rumhampeln und von der weder Lina noch ich je gehört hatten).

»Aufhören!«, Lina funkelte sie böse an. »Wir haben gesagt, erst Mathe und Deutsch, danach die Thema für Forschung.«

Wir waren noch nicht mit den Hausaufgaben fertig, als Oma und Opa nach Hause kamen. Wie immer verschwanden sie mit ihren Einkaufsbeuteln in der Küche, aber nach zwei Minuten schaute Opa auch schon zu uns ins Esszimmer. Er war hochrot im Gesicht, stellte seine Taschen ab und ließ sich schnaufend auf einen Stuhl fallen.

»Die müssen wohl hier hin«, er blickte sich nachdenklich um. »In der Küche ist beim besten Willen kein Platz mehr.«

Evi hüpfte sofort von ihrem Stuhl und steckte die Nase in einen Einkaufsbeutel. Ich ahnte ja schon, was drin war, aber Evi stieß einen überraschten Laut aus.

»Erbsensuppe? Schon wieder? Davon habt ihr doch wirklich genug!«

Dabei war ich noch nicht einmal dazu gekommen zu erzählen, dass Oma und Opa auch gestern bestimmt zwanzig Konserven gekauft hatten.

Lina begann die Dosen zu zählen, die Evi mit angeekeltem Blick herausholte.

»Zwölf«, sagte sie, »wollt ihr …?«

In diesem Augenblick betrat Oma das Zimmer und stellte noch zwei Taschen dazu, die ebenfalls verdächtig so aussahen, als würden sie von Dosen ausgebeult.

Behutsam zog Lina eine nach der anderen heraus und stapelte sie an der Wand auf. Dann zählte sie noch einmal.

»25! Wollt ihr die verkaufen?«

Oma betrachtete zufrieden den Stapel, der ein bisschen aussah wie beim Dosenwerfen.

»Nur ein kleiner Vorrat«, sagte sie lächelnd. Damit wandte sie sich zum Gehen, und kurz darauf hörten wir, wie der Fernseher im Wohnzimmer eingeschaltet wurde.

»Kleiner Vorrat?«, rief Evi ihr hinterher. »Letzte Woche habt ihr schon elf gekauft, das macht … 36 Dosen!« Im Kopfrechnen ist Evi ziemlich fix, und ich wette, sie hätte auch wie der Blitz ausgerechnet, wie viele Dosen es mit denen von gestern waren, aber ich erzählte mal lieber nichts davon. Opa sah eh schon ein bisschen gestresst aus, als er hinter Oma her in Richtung Wohnzimmer blickte.

Eine Weile knetete er schweigend seine Hände. Schließlich räusperte er sich.

»Hört mal«, Opas Stimme klang ein bisschen rau, »ich sag es nur ungern, aber in nächster Zeit trefft euch mal lieber nicht hier bei uns!«

»Was?« Ich glaube, zum ersten Mal in unserer ganzen Bandenzeit schaffte ich es, vor Evi das Wort zur ergreifen. »Wieso das denn?«

»Wo sollen wir hin?« Evi pflanzte sich empört vor Opa auf, nur Lina sagte kein Wort, sondern kaute auf ihrer Unterlippe herum.

»Und was sollen wir essen?«, fragte ich.

Opa räusperte sich noch einmal und schaute auf seine Hände: »Der Oma geht es nicht so gut«, sagte er.

Egal wie sehr Evi und ich ihn bestürmten - es war nicht viel an Erklärung aus Opa herauszuholen. Und das wenige, was er sagte, hörte sich seltsam an: Die Hausaufgaben würden darunter leiden, wenn immer der Fernseher aus dem Wohnzimmer dröhnte, das könne er nicht verantworten. Mittagessen könnten wir auch in der Schule, besser als seine verbrannten Bratkartoffeln sei das allemal (in dem Punkt war ich geneigt, ihm recht zu geben), und treffen könnten wir uns prima nebenan in unserer Wohnung.

»Oh nein«, jammerte Evi, »hier ist es so gemütlich!«

Doch Opa ließ nicht mit sich reden, und keine zehn Minuten später fanden wir uns in meinem Kinderzimmer wieder.

Endlich ein Fall

»Als ob hier keiner wohnt«, Evi ließ misstrauisch den Blick schweifen. »Hier liegt ja nichts rum. Räumst du etwa auf?«
Ich schüttelte den Kopf.
»Das macht unsere Putzfrau«, sagte ich. »Die kommt jeden Vormittag zwei Stunden. Mama und Papa haben es gern ordentlich.«
Evi rümpfte die Nase. Lina sagte nichts, aber ich hatte den Verdacht, dass es ihr so ging wie Evi, wenigstens sah sie so aus, als würde sie irgendwie frieren.
»Wir könnten Kakao machen«, schlug ich vorsichtig vor, und als Evi und Lina nickten, machte ich mich an die Arbeit. Aber der Kakao schmeckte leider überhaupt nicht so gut wie bei Oma, und wir saßen betrübt mit unseren Tassen am Esstisch.
Plötzlich haute Evi auf den Tisch.
»Irgendetwas ist da faul«, sagte sie. »Oberfaul ist da was.«
»Ich verstehe nicht«, pflichtete Lina ihr bei. »Warum es geht Oma nicht gut?«
»Vielleicht ist sie krank?« In meinem Bauch breitete sich ein unangenehmes Gefühl aus, weil alte Leute ja manchmal auch sterben, aber den Gedanken wischte Evi sofort weg.

»Krank doch nicht!«, raunzte sie im Brustton der Überzeugung. »Muss wenigstens ne komische Krankheit sein. Deine Oma schleppt jeden Tag zwei Taschen Erbsensuppe die Treppe hoch. Wer so was kann, ist stark wie ein Ochse.«

Da hatte sie vermutlich recht. Wir schwiegen eine Weile vor uns hin, sogar Evi sah nachdenklicher aus, als man das gewohnt war von ihr. Auf einmal kniff sie die Augen zu schmalen Schlitzen zusammen und sah immer wieder zwischen Lina und mir hin und her.

»Irgendetwas hat das mit den Dosen zu tun«, sagte sie langsam. »Wir müssen dem Geheimnis der Erbsensuppe auf die Spur kommen.«

Bei diesen Worten schoss mir ein wahnsinnig toller Gedanke durch den Kopf, und ich beeilte mich, ihn auszuspucken. Diesmal sollten mir weder Evi noch Lina zuvorkommen,

»Das Geheimnis der Erbsensuppe!« Ich brüllte so laut, dass mein Kakao hin und her schwappte. »Das ist es!«

Evi und Lina sahen mich an, als wäre ich nicht ganz dicht, wahrscheinlich weil sie mich noch nie hatten schreien hören.

»Das Geheimnis der Erbsensuppe!«, wiederholte ich etwas leiser. »Versteht ihr denn nicht? Wir haben einen Fall! Einen echten Fall!«

Man konnte richtig beobachten, wie es bei Lina und Evi im Kopf ratterte, dann hellte sich Linas Gesicht urplötzlich auf.

»Ein Fall«, rief sie, und ein Strahlen breitete sich über ihrem Gesicht aus. »Das heißt ...«

Evi nickte nur ganz cool mit dem Kopf. Sie lehnte sich in ihrem Stuhl nach hinten und sagte: »Das heißt, dass wir eine Detektivbande gründen können. Yep. Sehr gut.»

Es wäre auch wirklich alles sehr gut gewesen, wenn Evi nicht gleich wieder ein gefährliches Glitzern in ihren Augen bekommen hätte. Suchend sah sie sich um.

»Wo sind bei euch die Messer?«, fragte sie mit einer so unauffälligen Stimme, dass sich mir sofort alle Nackenhaare hochstellten.

»Wieso?«, fragte ich alarmiert.

Evi schaute mich überlegen an.

»Wir gründen doch eine neue Bande. Da müssen wir wieder Blutsbrüderschaft schließen. Also? Wo sind die scharfen Messer?«

Ich wünschte mich sehnlichst in Opas Nähe, aber diesmal war keine Hilfe zu erwarten.

»Vielleicht v-versuchen wir es … w-wieder … mit einem guten Getränk?«, stotterte ich. »Wir haben sicher noch Cola im Kühlschrank!«

Evi wiegte ein paarmal nachdenklich den Kopf hin und her, aber plötzlich haute sie mir mit Schwung auf die Schulter und brach in brüllendes Gelächter aus.

»Nils, du alter Schisser! Glaubst du wirklich, ich würde das machen, so ganz ohne Desinfektionsspray? Das ist voll gefährlich!«

Erleichtert stimmte ich in das Gelächter ein, und auch Lina lachte mit, obwohl sie sicher nicht verstand, was das Ganze sollte.

Als ich mit einer Flasche Cola und drei Gläsern aus der Küche zurückkam, hatte Evi leider schon eine neue Idee.

»Wir trinken alle aus einem Glas.« Sie entriss mir das Tablett. »Das ist echter.«

Beherzt schüttete sie Cola in ein Glas und spuckte mit Schwung hinein.

»Bitte sehr!« Sie reichte mir das Glas. »Jetzt du!«

»Aber wieso denn?«, stotterte ich.

»Man muss doch was vermischen!«, sagte Evi. »Wenn ihr das nicht mit Blut machen wollt, dann nehmen wir halt Spucke. Alle spucken rein, und dann wird getrunken.«

Ich fand die Idee total eklig.

»Vielleicht stoßen wir lieber einfach an?«, schlug ich vorsichtig vor.

»Pfff«, machte Evi. »Und was vermischt sich dann?«

Also spuckte ich auch rein und reichte das Glas an Lina. Die ließ kommentarlos ein paar winzige Spucketröpfchen in das Glas gleiten und gab es an Evi zurück. Ich sah mir das Gemisch an. Eigentlich sah es aus wie Cola, mit einem ganz klein bisschen Schaum obendrauf.

Evi steckte ihren Zeigefinger in das Gebräu und rührte schwungvoll um.

»Die Neuen dürfen zuerst«, verkündete sie großzügig. »Los, Lina!«

Lina zögerte nur einen winzigen Moment, bevor sie tief durchatmete und einen großen Schluck nahm.

»Brrr!« Sie strahlte über das ganze Gesicht. »Bin ich jetzt Mitglied?«, fragte sie. »Oder muss man was sagen?«

Evi überlegte kurz, dann stand sie auf und legte sich die Hand aufs Herz.

»Im Namen des Volkes!«, rief sie mit Schmetterstimme.

Das hatte ich Mama oder Papa schon mal im Gerichtssaal sagen hören, und so ganz sicher war ich mir nicht, ob es passte, aber trotzdem bekam ich ein bisschen Gänsehaut, als wir alle nacheinander aus dem Glas tranken und »Im Namen des Volkes!« riefen.

Als wir später die Gläser wegräumten, bekam Lina auf einmal einen panischen Gesichtsausdruck.

»Wir haben die Thema für Forschung vergessen!«, rief sie. »Was nun? Frau Schmidt will morgen wissen.«

»Urzeitkrebse, Frauenfußball«, leierte Evi los. »Oder …«

Ein spitzbübisches Grinsen breitete sich auf ihrem Gesicht aus.

»Oder was?«, fragten Lina und ich im Chor.

»Erbsensuppe!«, antwortete Evi. Auf unsere ungläubigen Blicke hin fuhr sie fort: »Dann können wir in der Schule an unserem Fall arbeiten. Wir dürfen sogar die Computer nutzen, da finden wir ratzfatz raus, was das Geheimnis der Erbsensuppe ist, und schwupps können wir wieder zurück und kriegen leckeres Mittagessen in einer gemütlichen Wohnung.«

Das fand ich war eine verlockende Vorstellung, und auch Lina hatte keine Einwände.

»Vielleicht es gibt doch eine Krankheit, wo man muss viel Erbsensuppe essen«, sagte sie nachdenklich.

»Als Medizin?«, fragte ich.

Lina zuckte mit den Schultern.

»Vielleicht. Oder es gehört zu die Krankheit.«

»Meinst du als …«, ich musste eine ganze Weile nach dem richtigen Wort suchen. »Als Symptom? So wie Fieber oder Halsweh?«

Lina zuckte wieder mit den Schultern, und Evi lachte kurz auf.

»Was soll das für eine quatschige Krankheit sein?« Sie erhob sich und meinte: »Mal sehen, ob der Computer uns morgen etwas dazu ausspuckt.«

Frau Schmidt guckte ziemlich blöd aus der Wäsche, als wir unser Forschungsthema vorstellten. Alle anderen hatten ganz normale Sachen gewählt: Haustiere, Astronauten, Edelsteine, sogar Urzeitkrebse waren dabei.

»Erbsensuppe?«, fragte Frau Schmidt gedehnt. »Interessiert euch das?«

»Und wie!«, rief Evi. »Erbsensuppe ist ein äußerst wichtiges Thema! Die mag schließlich jeder …«

Ein paar aus der Klasse kicherten, und ich hoffte, Evi würde nicht allzu wütend werden.

»Genau«, kam Lina ihr zu Hilfe. »Auch in Syrien ist sehr beliebt. Andere Erbsensuppe. Aber gut.«

Frau Schmidt nickte bedächtig und notierte etwas in ihrem Heft.

»Nun gut«, verkündete sie. »Dann seid ihr die ›Forschungsgruppe Erbsensuppe‹. Ich bin gespannt.«

Als Frau Schmidt das sagte, breitete sich ein kribbeliges Gefühl in meinem Bauch aus. Forschungsgruppe Erbsensuppe ... Jetzt hatten wir doch einen Bandennamen – ob Evi nun wollte oder nicht!

In unserer Klasse haben wir nur drei Computer, aber wir hatten Glück. Unsere Gruppe durfte gleich mit der Internet-Recherche beginnen, und wir machten uns mit Feuereifer an die Arbeit. Leider waren wir nach einer Viertelstunde noch genauso schlau wie vorher. Wir hatten »Erbsensuppe« eingegeben und »Erbsensuppe und Krankheit« und »Erbsensuppe und Medizin« – alles ohne richtigen Erfolg.

»Nur Rezepte!«, stöhnte Lina. »Die brauchen wir nicht!«

Das Einzige, was der Computer sonst noch ausspuckte, war der Hinweis, man könne von zu viel Erbsensuppe Bauchweh oder Blähungen bekommen.

»Das habe ich auch schon vorher gewusst«, Evi drehte sich genervt vom Bildschirm weg.

Hinter uns standen Sofie und Pit und feixten.

»Habt ihr gute Rezepte gefunden? Für eure total interessante Erbsensuppe?«, fragte Pit höhnisch.

»Die mag schließlich jeder!«, äffte Sofie Evi nach. »Und es muss auch jeder davon pupsen ...« Sie machte laute Pupsgeräusche, und Pit und sie wollten sich ausschütten vor Lachen.

Evi sprang mit knallrotem Gesicht auf.

»Haltet bloß die Klappe!«, brüllte sie. »Wenn ihr wüsstet! Wir sind einem voll coolen Geheimnis auf der Spur, davon könnt ihr nur träumen mit eurer bescheuerten Fragezeichen-Bande!«

Lina und ich konnten gerade noch verhindern, dass Evi sich wieder auf Sofie und Pit stürzte. Wir machten rasch den Computerplatz frei und gingen an unsere Tische, denn Frau Schmidt schaute misstrauisch in unsere Richtung.

Schon in diesem Moment hatte ich den Verdacht, dass es unklug von Evi gewesen war, vor den Zwei Fragezeichen mit unserem Fall zu prahlen – und damit sollte ich recht behalten.

Der Koffer

Der Rest des Schultages brachte keine neuen Erkenntnisse. Die Forschungszeit war für den Tag vorbei, und wir machten ganz normal Mathe und Sachkunde. Weil Oma und Opa nicht mehr für uns kochten, mussten wir mittags in der Schule essen. Besonders Lina sah ziemlich betrübt aus, als sie auf ihren Teller schaute.

»Sieht aus wie im Wohnheim«, sie schob sich den ersten Löffel in den Mund und verzog das Gesicht. »Und schmeckt auch so.«

»Pampe mit Soße«, Evi stopfte ungerührt alles in sich rein. »Und so was kocht ihr zu Hause?«

»Nicht zu Hause!«, entgegnete Lina empört. »Im Wohnheim. Da wir dürfen nicht kochen - ist eine neue Regel. Essen wird geliefert.«

»Igitt«, sagte Evi. »Dann lieber salzige Bratkartoffeln.«

Lina schob ihren Teller beiseite.

»Ich hoffe, Oma geht es bald besser. Kommt, wir gehen nach Hause und versuchen, die Geheimnis rauszukriegen.«

»Darf man nicht«, sagte Lina zu Evi, die auf dem Nachhauseweg ein paar Blumen aus einem Vorgarten rupfte.

»Die haben doch genug«, Evi zog noch ein paar letzte Tulpen aus der Erde, bevor sie ihren Weg mit uns fortsetzte. »Und wir können ein paar Blumen gebrauchen, so ungemütlich, wie es in der Wohnung ist!«

Zu Hause stopfte sie den Strauß in ein Wasserglas, knallte es auf den Tisch und sagte: »Besser als nichts!«

Aber auch die Blumen konnten uns nicht darüber hinwegtäuschen, dass wir mit unserem Fall nicht so recht vorankamen.

»Der Computer heute hat gar nichts gebracht«, nörgelte Evi, »ich finde ...«

Leider wurde sie unterbrochen, denn aus Omas und Opas Wohnung dröhnte auf einmal ein lautes Geräusch zu uns herüber.

»Was ist das?«, fragte ich erschrocken.

»Der Fernseher natürlich«, antwortete Evi ungerührt, und sie hatte kaum zu Ende gesprochen, als Lina aufgeregt mit der Faust auf den Tisch haute.

»Fernseher!«, sagte sie. »Vielleicht ... vielleicht der Fernseher ist schuld an Omas Krankheit!«

Ich fand das gar nicht so seltsam, schließlich hatte Oma früher so gut wie nie ferngesehen, und da war sie offenbar gesund geblieben.

Aber Evi schüttelte den Kopf.

»Blödsinn! Ergo-Elke sagt, von zu viel Fernsehen wird man zappelig, und seitdem darf ich nichts mehr gucken. Aber zappelig ist Oma nun wirklich nicht. Und dass man von zu viel Fernsehen Erbsensuppe kauft, hat Ergo-Elke nicht gesagt.«

Also waren wir so schlau wie vorher. Evi wippte ungeduldig mit den Füßen und kriegte ihre steile Falte auf der Stirn. Ich überlegte gerade, ob ich es zur Besänftigung noch mal mit Kakao versuchen sollte, als sie abrupt aufsprang.

»Wir gehen rüber in die Wohnung und befragen Oma und Opa«, sagte sie energisch. »Oder beschatten. Mir egal, Hauptsache, wir gehen da jetzt hin. Hier kriegen wir doch sowieso nichts raus.«

»Aber wir sollen nicht in ihre Wohnung«, warf ich vorsichtig ein.

»Quatsch«, schnaubte Evi, »es ist doch nicht verboten, mal zu fragen, wie es ihnen geht – so was nennt man ›höflich‹, sagt Ergo-Elke!«

Lina pflichtete ihr bei, und damit war die Sache beschlossen. Wir würden total unauffällig an der Tür klingeln und uns nur mal so nach dem Befinden erkundigen. Auf keinen Fall, so schärfte uns Evi ein, sollten wir etwas darüber sagen, dass wir jetzt eine Detektivbande seien, und schon gar nichts über den Fall.

Aber dann kam alles ganz anders.

Wir brauchten nämlich nicht unauffällig an der Tür zu klingeln, weil wir Opa schon im Flur trafen. Er schleppte gerade einen großen Koffer aus dem Keller die Treppe hinauf.

»Wollt ihr verreisen?«, fragte ich erschrocken. Solche Dinge weiß ich gern rechtzeitig, und normalerweise sagen Oma und Opa wochenlang im Voraus Bescheid, wenn sie in den Urlaub fahren.

Zum Glück schüttelte Opa den Kopf.

»Nein, Oma wollte nur mal einen Koffer in der Wohnung haben. Für alle Fälle.«

Lina warf mir einen bedeutungsschweren Blick zu, und Evi rammte mir den Ellenbogen in die Rippen.

»Äh, welche Fälle meinst du denn?«, fragte ich darum und kam mir wie ein richtiger Detektiv vor.

Aber bevor Opa antworten konnte, ging die Wohnungstür auf, und Oma steckte ihren Kopf hinaus.

»Hallo, Nils«, sagte sie erfreut, »gut, dass du da bist, ich wollte dich gerade etwas fragen.«

Mit diesen Worten zog sie mich in die Wohnung, und Evi und Lina stolperten so schnell hinterher, dass Opa nicht einschreiten konnte. Wir gingen durch das mit Konserven schon ganz gut gefüllte Esszimmer ins Wohnzimmer.

»Oh«, sagte Evi, als wir dort ankamen, und ich wusste genau, was sie meinte.

Seit Oma damit begonnen hatte, sich zum Fernsehen zurückzuziehen, hatten wir das Wohnzimmer nicht mehr betreten – und es war erstaunlich, wie sehr es sich verändert hatte.

Der ganze Wohnzimmertisch war vollgepackt. Vor allem Kleidung stapelte sich dort, aber ich sah auch ein paar Töpfe, eine Wolldecke und einen Regenschirm. Ganz oben auf dem Berg hockte zu meinem Erstaunen mein Stoffhase.

»Rabbit!«, rief ich. »Was machst du denn hier?«

»Wollt ihr doch verreisen?«, unterbrach mich Evi.

»Oder umziehen?«, erkundigte sich Lina.

Oma sah uns verblüfft an.

»Nein, ich packe nur ein paar Dinge für alle Fälle. Man kann nie wissen, was passiert.« Sie klopfte zufrieden auf den Stapel. Ich sah, dass sie sogar Mamas guten Kaschmirpullover dazugelegt hatte, und fragte mich, wo sie den herhatte. An ihre Klamotten lässt Mama niemanden ran.

»Möchtest du außer dem Hasen noch ein anderes Stofftier einpacken?«, fragte Oma mich freundlich.

»Ich möchte den nicht einpacken«, protestierte ich. »Ich brauche den zum Einschlafen. Und überhaupt ... Warum soll

ich denn packen … und woher hast du Mamas Pullover?«Tausend Fragen türmten sich in meinem Kopf auf, aber bevor ich sie alle stellen konnte, schaltete Opa sich ein. Er hatte wieder dieses rote Gesicht und schnaufte ein bisschen.

»Nun lass die Kinder in Ruhe, Renatchen«, er wandte sich zu uns um. »Und ihr kommt mal mit, ich brauche eure Hilfe beim Einkaufen.«

Opa stellte den Koffer ab und zog uns eilig aus der Wohnung. Das mit dem Einkaufen schien wahnsinnig dringend zu sein, denn er nahm sich nicht einmal die Zeit, seine Schuhe zu wechseln, sondern lief einfach in Pantoffeln los. Evi machte das Daumen-hoch-Zeichen, während Lina fassungslos den Kopf schüttelte. Ich glaube, eigentlich meinten beide das Gleiche, und es war genau das, was ich auch dachte. Wahnsinn! Unser Fall wurde immer geheimnisvoller.

Opa war schon unten an der Treppe angekommen, aber Lina hielt Evi und mich zurück.

»Wir befragen Opa!«, zischte sie. »Ist gute Gelegenheit.«

Evi sah ein bisschen beleidigt aus. Vielleicht mochte sie von Lina nicht so gern Anweisungen entgegennehmen, aber ich fand, dass Lina recht hatte. Sie hatte schließlich Erfahrung mit einer Detektivbande.

»Du machst das, Nils«, befahl Lina. »Bei dir fällt nicht so auf.«

»Und nichts verraten von dem Fall!«, sagte Evi noch schnell.

»Ich bin doch nicht blöd«, murmelte ich. Manchmal konnten die beiden echt ein bisschen anstrengend sein.

Wir schlossen eilig zu Opa auf, und Evi schubste mich neben ihn. Ich wusste nicht recht, wie ich anfangen sollte, aber Lina lächelte mir aufmunternd zu.

»Opa«, begann ich, »was sind das für Sachen, die Oma auf dem Wohnzimmertisch stapelt?«

»Was für Sachen?« Opa sah mich zerstreut an, aber so richtig nahm ich ihm nicht ab, dass er den Berg auf seinem eigenen Tisch nicht bemerkt hatte.

»Die ganze Kleidung und die Töpfe und so.«

»Ach, die Sachen …«, Opa wand sich verlegen. »Oma möchte gern einen Koffer mit Sachen für Notfälle packen.«

Jetzt war es Evi, die sich wand. Man konnte richtig sehen, wie schwer es ihr fiel, Opa nicht ins Wort zu fallen. Lina machte ihr hinter Opas Rücken hektische Zeichen, und Evi biss sich auf die Lippe.

»Was für Notfälle?« Inzwischen kam ich mir wie ein echter Kommissar aus dem Fernsehen vor.

Aber genau wie im Fernsehen flüchtete sich mein Verdächtiger in ausweichende Belanglosigkeiten.

»Was weiß ich«, antwortete Opa. »Falls man mal ins Krankenhaus muss.«

Dass das eine Lüge war, hätte wohl der Dümmste erraten – denn was sollte Oma im Krankenhaus mit meinem Kuschelhasen und Mamas Kaschmirpullover anfangen können?

Evi sah es wohl ähnlich.

»Wer nimmt denn da seine eigenen Töpfe mit?«, rief sie. »Da ist doch was faul!«

Wieder versuchte Lina verzweifelt, Evi zum Schweigen zu bringen, doch diesmal war es vergeblich. Evi stellte sich vor Opa und stemmte beide Arme in die Seiten.

»Oberfaul ist da was!«, rief sie und piekte mit dem Zeigefinger in die Luft, kurz vor Opas Bauch. »Aber wir kriegen es raus, das sag ich dir, wir werden das Geheimnis der Erbsensuppe lüften!«

Opa blieb stehen. In seinem Kopf schien es zu rattern, aber nicht lange, denn Opa ist ja nicht doof.

»Das Geheimnis der Erbsensuppe?« Er sah uns an. »Habt ihr etwa … eine neue Bandenaufgabe?«

Ich schlug mir vor Schreck die Hand vor den Mund, und Lina funkelte Evi wütend an. Schließlich war es Evi gewesen, die gesagt hatte, man dürfe auf gar keinen Fall etwas verraten.

Evi selbst sah so aus, als hätte sie daran keine Erinnerung. Statt schnell die Klappe zu halten oder zur Ablenkung ein anderes Thema anzuschneiden, hielt sie Opa am Ärmel fest und schaute ihn herausfordernd an.

»Natürlich«, sagte sie. »Wir sind jetzt eine Detektivbande. Und den Fall lösen wir, das kannst du mir glauben! Es ist besser, du arbeitest mit uns zusammen!«

Für mich hörte sich das verdächtig so an, als würde auch Evi hin und wieder mal Fernsehkrimis sehen, obwohl Ergo-Elke das bestimmt schlecht für sie fand. Ich fand es im Moment eher schlecht für Opa, denn der guckte ganz verdutzt aus der Wäsche.

»Da kann ich euch nicht weiterhelfen«, sagte er steif. »Aber ich wünsche euch viel Erfolg.« Er löste seinen Arm vorsichtig aus Evis Griff. »Und wenn ihr was rauskriegt: Auch ich bin sehr an der Lösung des Falls interessiert!«

Nach diesen Worten schickte er uns nach Hause, weil ihm plötzlich einfiel, dass er doch nichts mehr einkaufen musste.

»Verdächtig«, murmelte Lina, als wir wieder in meinem Zimmer saßen. »Sehr verdächtig.«

»Total!«, stimmte Evi ihr zu.

»Ja, es ist schon komisch mit dem Koffer«, sagte ich nachdenklich.

Lina und Evi sahen sich kurz an, dann schauten sie beide zu mir und hatten einen ganz komischen Gesichtsausdruck dabei. Fast ein bisschen mitleidig, sogar Evi.

»Nicht der Koffer«, sagte Lina schließlich. »Opa ist verdächtig.«

Ich sah sie völlig verdutzt an. Das konnte sie doch nicht ernst meinen!

»Opa?«, fragte ich. »Aber ... der ist doch ... einfach nur ...«

Leider schien Evi mit Lina einer Meinung zu sein.

»Der verheimlicht uns was«, sagte sie. »Wollte nicht, dass wir mit Oma reden. Und über den Koffer hat er bestimmt nicht die Wahrheit gesagt.«

Mit mir war den Rest des Nachmittages nicht mehr viel anzufangen. Ich war wie vom Donner gerührt und ziemlich erleichtert, als Evi und Lina sich früher auf den Heimweg machten als gewöhnlich.

Ein Verdacht und ein seltsames Gespräch

In der Schule kamen wir am nächsten Tag überhaupt nicht weiter mit unseren Nachforschungen. Wir gaben »Erbsensuppe und Fernseher« in den Computer ein, aber das Einzige, was uns angezeigt wurde, waren Kochsendungen.

Danach versuchten wir es mit »Fernsehen und Krankheit«, und es stellte sich heraus, dass man vom Fernsehen alles Mögliche kriegen konnte, von Herzkrankheit bis Diabetes, aber nichts passte so recht zu Oma, und überhaupt gar nichts deutete auf Erbsensuppe hin.

»Fernsehen hört sich echt gefährlich an«, sagte Evi beeindruckt. »Da hat Ergo-Elke wohl recht.«

»Vielleicht probieren wir es mal mit ›Koffer‹«, seufzte ich.

Lina hackte meinen Vorschlag kommentarlos in die Tastatur ein, aber ehe wir noch die Suchergebnisse angucken konnten, hörte ich eine Stimme hinter mir.

»Koffer? Das hat ja wohl nichts mit Erbsensuppe zu tun!« Pit drängelte sich an mir vorbei und schaute neugierig auf den Bildschirm. Sofie kam natürlich sofort dazu.

»Frau Schmidt!«, rief sie. »Die forschen überhaupt nicht zu Erbsensuppe, die gucken irgendwelchen anderen Kram, und dafür besetzen sie den Computer, das ist voll ungerecht!«

Wir räumten eilig den Platz, bevor Frau Schmidt auf uns aufmerksam wurde. Evi rammte Sofie noch schnell den Ellenbogen in die Seite und zischte: »Blöde Petze!«

Komischerweise rannte Sofie heute nicht heulend zu Frau Schmidt. Stattdessen pflanzte sie sich vor Evi auf und sagte: »Wir kriegen euer popeliges Geheimnis schon raus, das wirst du ja sehen!«

Dann setzte sie sich neben Pit vor den Bildschirm und guckte brav, weil Frau Schmidt gerade in unsere Richtung schaute.

In der Pause hatte Evi schlechte Laune.

»Nun sag uns, was wir tun sollen!«, motzte sie Lina an. »Du machst doch sonst immer einen auf dicke Hose wegen deiner blöden Bande in Syrien!«

»Dicke Hose?« Lina schaute erstaunt an sich herunter und ich musste kichern.

Evi guckte erst ein bisschen wütend, aber dann prustete sie ebenfalls los, und als Evi ihr das Wortspiel erklärt hatte, musste auch Lina lachen.

Doch so ganz war Evi noch nicht besänftigt.

»Wer hat überhaupt mitgemacht in deiner Bande?«, fragte sie herausfordernd.

Sofort hörte Lina auf zu lachen.

»Freunde«, antwortete sie knapp.

»Und was machen deine Freunde jetzt?«, hakte Evi nach. »Sind die noch in Syrien?«

Lina stand abrupt auf, und ich hatte auf einmal ein ganz unangenehmes Gefühl im Magen. Evi kaute auf ihrer Unterlippe. Einen Moment lang schwiegen wir alle, dann schüttelte Lina sich kurz und wechselte das Thema.

»Ich habe nachgedacht«, verkündete sie. »Über Opa. Sehr verdächtig.«

Evi und ich schauten zu ihr hoch.

»Ich glaube ...«, fuhr Lina fort. »Ich glaube, Opa ist verliebt.«

Mir blieb die Spucke weg, und selbst Evi schaute etwas erstaunt aus der Wäsche. Aber nicht lange. Dann fing sie an zu lachen.

»Quatsch!«, rief sie. »Der ist uralt! Alte Leute verlieben sich nicht.«

Lina bekam einen eigensinnigen Zug um den Mund.

»Was ist mit die Bratkartoffeln?«, fragte sie Evi herausfordernd. »Waren salzig, und du hast gesagt, das ist ein Zeichen für verliebt. Indiz!«

»Das war doch nicht ernst gemeint!«, protestierte Evi. »Das war ein Witz.«

Leider gab Lina nicht klein bei.

»Als er hat erzählt von dem Mädchen mit die Schleife im Haar, er hat so komisch geguckt.«

»Conni mit der Schleife im Haar? Das ist doch schon hundert Jahre her!«, widersprach Evi. »Das war nach dem

Krieg! Kann ja sein, dass er in die verknallt war, aber doch nicht jetzt!«

Ich hätte auch gern mal was gesagt, schließlich redeten sie über meinen Opa, aber weder Evi noch Lina ließen mich zu Wort kommen.

Lina reckte die Nase in die Höhe.

»Vielleicht er hat sie getroffen! Zufall. Das gibt es.Vielleicht sie hat ihm geschrieben. Gibt es auch. Oder…«

Jetzt wurde es mir zu bunt.

»Ihr spinnt doch«, sagte ich so laut ich konnte, und tatsächlich drehten sich die beiden Streithennen zu mir um. »Ihr spinnt doch total!« Bei den letzten Worten merkte ich, dass meine Stimme kieksig wurde, und ich drehte mich um und rannte weg.

Nach diesem Gespräch war ich froh, dass weder Evi noch Lina nachmittags Zeit für die Bande hatten. Evi musste zu irgendeinem Test und Lina sollte ihren Vater zum Amt begleiten.

Also hatte ich Ruhe zum Nachdenken. Ich saß in unserer Wohnung, und es war kahl und still wie immer. Die Blumen, die Evi mitgebracht hatte, ließen schon ein bisschen die Köpfe hängen. In meinem Kopf dagegen wirbelte alles durcheinander. War Opa wirklich verliebt? Ich nahm mir fest vor, am nächsten Tag in der Forschungszeit »Liebe im Alter« in den Computer einzugeben, egal was die Zwei Fragezeichen dazu sagten. Der Gedanke erleichterte mich etwas, und gerade, als ich beschlossen hatte, mir einen Kakao zu machen, um es

wenigstens ein bisschen gemütlich zu haben in unserer Wohnung, hörte ich Lärm im Treppenhaus.

»So kann es nicht weitergehen, Renate, wirklich nicht!« Das war eindeutig Opas Stimme, nur hörte sie sich nicht so an wie sonst. Sie hörte sich ärgerlich an und gleichzeitig erschöpft und verzweifelt. Ich stellte mir einen Hocker vor die Tür und spähte durch den Spion. Oma und Opa standen vor ihrer Wohnung, und Opa schüttelte immer wieder den Kopf, während er versuchte, die Tür aufzuschließen.

»Das kannst du nicht machen, Renate. Das muss wirklich ein Ende haben.«

Oma stand neben ihm. Sie sah aus, als würde sie gar nicht richtig zuhören. In meinem Kopf schwirrte alles. Was sollten diese seltsamen Worte bedeuten? Was musste ein Ende haben? In diesem Moment vermisste ich Evi und Lina - vielleicht hätten die sich einen Reim auf das seltsame Gespräch machen können.

Ich lauschte weiter, aber leider hatte Opa inzwischen die Tür aufbekommen. Die beiden gingen in die Wohnung, und ich blieb beunruhigt zurück.

Der Rest des Tages verlief kaum weniger ungewöhnlich. Gerade als ich mit meinem Kakao zurück in mein Zimmer gehen wollte, hörte ich das Klappen unserer Wohnungstür. Mir fiel vor Schreck fast der Becher aus der Hand. Wer konnte das sein? Mama und Papa kamen doch immer erst um halb sieben - jetzt war es höchstens fünf Uhr! Hektisch sah ich mich nach einem Versteck um (was gar nicht so leicht war mit einer randvollen Tasse Kakao in der Hand!), als ich zum Glück Mamas Stimme hörte.

»Nils! Bist du da?«

Diesmal fiel mir der Becher vor Erleichterung fast aus der Hand. Ich stürzte rasch zu Mama in den Flur. Doch sie wuschelte mir nur kurz durchs Haar und erklärte, dass sie schnell rüber zu Oma und Opa müsse, um etwas zu regeln.

Keine zehn Minuten später ging die Tür schon wieder auf (diesmal war der Schreck nur noch halb so groß), und Papa steckte seinen Kopf in mein Zimmer, um zu verkünden, dass er mal kurz zu Oma und Opa ginge.

Das »mal kurz« zog sich ganz schön in die Länge. An diesem Tag machte ich mir nicht nur meinen Kakao selbst, sondern auch mein Abendbrot. Danach ging ich ins Bett. Ich wurde erst wieder wach, als zum dritten Mal an diesem Tag die Haustür klappte. Einen Schreck bekam ich diesmal nicht, weil ich sofort Mamas und Papas Stimmen erkannte, die allerdings von seltsamen Geräuschen begleitet wurden. Es hörte sich an, als würde etwas Schweres auf dem Boden abgestellt. Mama zog ein paarmal die Nase hoch, und ich fragte mich, ob sie vielleicht weinte. Ich presste das Ohr ans Schlüsselloch, um das leise Gemurmel besser zu verstehen.

»Das wird schon«, sagte Papa mit beruhigender Stimme. »Zumindest haben wir jetzt einen Plan.«

Mama antwortete nichts, sie putzte sich geräuschvoll die Nase.

Ich konnte mir keinen Reim darauf machen. Was für einen Plan hatten sie? Und was hatte Papa im Flur abgestellt? Ich

wartete, bis die Zahnputzgeräusche aus dem Badezimmer verklungen waren und die Schlafzimmertür ins Schloss gefallen war. Dann schlich ich mich leise auf den Flur. Direkt vor der Garderobe stand Omas und Opas Fernseher.

Ich lag ewig wach in dieser Nacht. Der Fall wurde in rasender Geschwindigkeit immer unübersichtlicher. »So kann es nicht weitergehen …«, »Zumindest haben wir jetzt einen Plan …«, der Fernseher in unserem Flur - was hatte das alles zu bedeuten? Meinen Ärger auf Evi und Lina hatte ich über all den Geschehnissen ganz vergessen - ich sehnte mich danach, ihnen endlich davon erzählen zu können. Wozu war man schließlich eine Bande?!

Als ich endlich einschlief, träumte ich komische Sachen. Ich sah Opa, der mit dem Fernseher schimpfte: »So kann es wirklich nicht weitergehen. Das muss ein Ende haben!« Mit diesen Worten warf er den Fernseher aus dem Fenster, aber der landete nicht auf dem Boden, sondern er flog einfach die Straße entlang wie ein fliegender Teppich, und auf ihm saßen Oma und Lina und lachten sich schlapp. Auf einmal war unsere Straße nicht mehr unsere Straße, sondern sie sah aus wie eine dieser Straßen in Syrien, die man immer im Fernsehen sah, überall kaputte Häuser und Staub. Und Oma war plötzlich nicht mehr Oma, sondern eine fremde Frau mit einem Kopftuch. Lina klammerte sich an ihr fest und weinte, und die Frau weinte auch, aber trotzdem sprang sie von dem fliegenden Fernseher ab in den Trümmerhaufen, und Lina segelte weiter.

Ich war froh, als morgens der Wecker klingelte.

Die Kontaktstelle für ältere Menschen

Wenn ich gedacht hatte, dass der nächste Morgen etwas Klarheit in den Fall bringen würde, dann hatte ich mich getäuscht. Papa zuckte auf meine Frage nach dem Fernseher in unserem Flur nur mit den Schultern.

»Wollte Opa nicht mehr haben«, sagte er gähnend.

In der Schule lief es nicht besser. Ich kam überhaupt nicht dazu, Evi und Lina vom gestrigen Nachmittag zu erzählen. Als ich das Klassenzimmer betrat, standen die beiden nämlich mit den Zwei Fragezeichen in einer Ecke, und Pit rief gleich: »Da kommt er, da kommt er!«, mit so einer komischen, sich überschlagenden Stimme, als hätte er eine superwichtige Neuigkeit.

Evi und Lina funkelten ihn beide mit finsteren Mienen an und sahen sich dabei ganz schön ähnlich.

»Glaub ihnen bloß kein Wort!«, rief Evi. »Die lügen wie gedruckt!«

Lina nickte heftig mit dem Kopf.

»Wie gedruckt«, wiederholte sie, und in ihren Augen blitzte es wie immer, wenn sie einen schönen neuen Ausdruck gelernt hatte.

Aber jetzt drängelte sich Sofie nach vorn.

»Deine Oma hat geklaut!«, verkündete sie so laut und deutlich, dass bestimmt nicht nur ich, sondern alle aus der Klasse es hören konnten. »Gestern. Im Supermarkt von meinem Papa.«

Ich wollte sagen, dass das nie und nimmer wahr sein konnte, denn Oma hatte bestimmt in ihrem ganzen Leben noch nichts gestohlen. Oma war immer sehr für »nicht lügen« und »nicht klauen« und solche Sachen. Aber die Worte blieben mir im Hals stecken, und Sofie redete auch sofort weiter.

»Und weißt du, was sie geklaut hat?« Sie sah mich gehässig an. »Erbsensuppe! Wenn das kein Zufall ist! Papa sagt, die beiden kaufen schon seit Wochen Erbsensuppe. Er kommt gar nicht mehr hinterher mit dem Bestellen. Gestern haben sich deine Großeltern gestritten, weil dein Opa keine Erbsensuppe kaufen wollte, mitten im Laden, voll laut und voll peinlich. Und dann hat deine Oma einfach Erbsensuppe unter dem Mantel versteckt, aber das konnte man sehen, hat mein Papa gesagt. Als er sie darauf angesprochen hat, da hat sie gesagt, das muss man jetzt tun, als Notvorrat, das hat sie im Fernsehen gehört.«

Sofie tippte sich mit dem Finger an die Stirn und verdrehte die Augen, und Pit lachte laut los.

»Wenn du mich fragst: voll gaga deine Oma, total verrückt!«

Ich war vor Schreck wie gelähmt, und man konnte von Glück sagen, dass Lina Evi inzwischen schon ziemlich gut kannte. Sie packte schnell Evis Arm, gerade als die »bescheuerte Lügnerin!« rief und Anstalten machte, sich auf Sofie zu stürzen.

»Von wegen!«, sagte Sofie mit zufriedenem Gesichtsausdruck. Sie konnte sich sicher sein, dass ihr nichts passieren würde, denn inzwischen hatte auch Frau Schmidt den Klassenraum betreten. Deswegen setzte Sofie noch frech einen drauf: »Und was ihr damit zu tun habt, das kriegen wir auch noch raus! Über Erbsensuppe forschen, ha! Ich wusste doch gleich, dass da was nicht stimmt!«

Mir wurde fast schwarz vor Augen. Jetzt hatten wir zu allem Überfluss auch noch die Zwei Fragezeichen an der Backe! Und ich hatte es noch nicht einmal geschafft, Evi und Lina von den Geschehnissen des Vortages zu berichten. Also machte ich etwas, was ich mich normalerweise überhaupt nicht traue: Ich schrieb »Wichtige Neuigkeiten! Bandentreffen in der Pause« auf einen Zettel und schob ihn erst zu Lina und dann zu Evi, als Frau Schmidt gerade nicht guckte. Beide nickten mit ernsten Gesichtern, aber leider sah ich aus den Augenwinkeln, dass Pit und Sofie uns beobachtet hatten. Und eigentlich hätte ich mir da schon denken können, dass sie etwas im Schilde führten.

»Er hat gesagt: ›das muss ein Ende haben?‹«, fragte Lina ungläubig, als ich den beiden vom gestrigen Nachmittag berichtet hatte.

Ich nickte.

»Den Fernseher hat er bestimmt zur Strafe weggegeben«, überlegte Evi. »Fürs Klauen. Fernsehverbot. Das kenne ich.«

»Warum er ihn weggegeben hat, weiß ich nicht«, versuchte ich aufzuklären, »auf jeden Fall steht der jetzt bei uns im Flur.«

Evi und Lina tauschten einen Blick, und ich wusste natürlich, was sie dachten: dass all das ganz klar gegen Opa sprach, dass er irgendetwas gegen Oma im Schilde führte, weil er sich verliebt hatte oder warum auch immer.

Das Fiese war: Langsam glaubte ich es schon selbst! In meinem Bauch breitete sich ein komisches Gefühl aus, wenn ich an Opa dachte. Aber dass Mama und Papa da mitmachten, dass sie irgendetwas regelten ... Und was nur?

Evi schwirrte offenbar die gleiche Frage im Kopf herum. »Was für einen Plan meinte dein Papa?«, überlegte sie. »Das hört sich an, als sollte Oma bestraft werden.«

»Quatsch!«, sagte ich brüsk. Evi guckte erstaunt, denn Anschnauzen ist ja sonst ihr Gebiet. Aber sie schien es mir nicht übel zu nehmen.

»Wir müssen Omas und Opas Wohnung durchsuchen!«, sagte sie entschieden. »Indizien suchen, oder wie das nun in eurem blöden Buch heißt.«

»Indizien sicherstellen«, verbesserte Lina automatisch. »Aber wie? Oma und Opa wollen nicht, dass wir Sachen durchsuchen.«

»Das machen wir natürlich heimlich«, sagte Evi empört. »Wenn sie einkaufen sind oder so.«

Lina riss entsetzt die Augen auf.

»Das geht nicht«, rief sie, »ist verboten so was. Ist ...«, sie suchte nach dem richtig Wort. »Ist illegal.«

»Na und?« Evi zuckte mit den Schultern. »Merkt doch keiner. Irgendwas müssen wir doch machen, um das Rätsel zu lösen.«

In diesem Punkt musste ich Evi recht geben, obwohl mir selbst nicht wohl war bei dem Gedanken, heimlich in Omas und Opas Sachen zu wühlen. Lina dagegen schüttelte so wild den Kopf, dass ihre Haare flogen.

»Illegal nicht!«, sagte sie laut und bestimmt. »Mache ich nicht mit.«

Sie schob die Unterlippe vor und hatte eine Falte auf der Stirn.

Jetzt schauten Evi und ich uns an. Was hatte Lina nur?

Komischerweise lenkte Evi ein: »Na gut. Dann beschatten wir sie halt, das geht sicher auch.«

Ich fragte mich, was das wohl bringen sollte. Oma und Opa gingen doch nirgends hin außer zum Einkaufen - aber ich sagte nichts, denn noch einen Streit konnte ich echt nicht verkraften. Stattdessen nickte ich und fragte: »Heute Nachmittag?« Evi und Lina nickten ebenfalls.

In diesem Moment klingelte es, und wir beeilten uns, in die Klasse zurückzukommen. Die Zwei Fragezeichen kamen kurz nach uns an und waren ziemlich außer Atem, und eigentlich hätte mir auch das verdächtig vorkommen müssen.

An diesem Nachmittag bekamen wir eine Ahnung davon, wie langweilig Detektivarbeit sein kann. Ewig hingen wir im

Wohnungsflur rum und beobachteten abwechselnd durch den Spion, ob Oma und Opa losgingen.

Endlich rief Evi mit halbwegs unterdrückter Stimme: »Sie kommen!«

Wir beeilten uns, unsere Schuhe und Jacken anzuziehen, aber als Evi und ich losstürzen wollten, hielt Lina uns zurück.

»Warten«, flüsterte sie. »Bis sie unten sind. Dürfen uns nicht sehen!«

Man merkte gleich, dass sie mehr Erfahrung in der Detektivarbeit hatte als Evi und ich. Also schaute ich vorsichtig aus dem Fenster, und als Oma und Opa auf dem Gehweg auftauchten, flitzen wir runter.

Die Verfolgung war schwieriger, als ich mir vorgestellt hatte. Oma und Opa krochen dahin wie die Schnecken, während Evi kaum zu bremsen war. Ständig mussten wir uns schnell in irgendwelche Hauseingänge drücken, weil Oma und Opa so abrupt stehen blieben, dass wir ihnen fast in die Hacken getreten hätten. Zum Glück hielten sie nach etwas Ausschau, sonst hätten sie uns vermutlich bemerkt.

»Sie gehen nicht einkaufen«, flüsterte Lina. »Keine Taschen!«

»Ich glaube, sie suchen was«, zischte Evi.

Tatsächlich hielt Oma einen Zettel in der Hand, und Opa studierte ganz genau die Schilder an den Häusern, auf denen zum Beispiel steht, ob hier ein Zahnarzt ist.

Gerade als ich darüber nachdachte, wohin die beiden wohl wollten, rief Lina leise: »Vorsicht!«, und wir sprangen wieder in einen Hauseingang. Von dort konnte ich sehen, wie Oma und Opa die Tür zu einem Haus öffneten, an dem auch ein besonderes Schild hing.

Ich schlug mir gegen die Stirn.

»Bestimmt gehen sie zum Arzt!«, wisperte ich. »Das machen sie manchmal wegen Opas Blutdruck ...«

Weiter kam ich nicht, denn sobald die Tür hinter Oma und Opa ins Schloss gefallen war, stürmten Evi und Lina schon in Richtung des Hauseingangs. Lina las das Schild vor - und was sie da vorlas, behagte mir ganz und gar nicht.

»Kontaktstelle für ältere Menschen«. Lina stand völliges Unverständnis ins Gesicht geschrieben. »Was heißt das?«

Ich zuckte mit den Schultern, aber Evi hatte sofort eine Idee.

»Könnte ein Altersheim sein«, sagte sie. »Die haben manchmal komische Namen, die verschleiern, was sie wirklich sind. Das von meiner Oma heißt Residenz Casa Bellissima.«

In mir zog sich etwas zusammen, und auf einmal verspürte ich große Lust, Evi auch mal meinen Ellenbogen in die Seite zu rammen.

»Quatsch«, sagte ich böse. »Was sollen Oma und Opa in einem Altersheim? Die kommen in ihrer Wohnung noch gut zurecht und ...«

Plötzlich konnte ich nicht mehr weitersprechen. Evi und Lina wechselten einen komischen Blick, halb mitleidig und halb so, als wollten sie mir etwas mitteilen, was ich von allein nicht kapierte.

Evi blies ihre Wangen auf und pustete die Luft dann langsam wieder aus, wie sie es bei Ergo-Elke gelernt hatte. Dass sie nichts sagte, war fast das Schlimmste, denn es hieß ja wohl, dass das, was sie sagen wollte, so schlimm war, dass sogar Evi es schaffte, sich zusammenzureißen - obwohl das nun wirklich nicht ihre Stärke ist.

Mir schossen tausend Gedanken durch meinen wütenden Kopf. Was Evi und Lina dachten, lag auf der Hand: Opa wollte Oma in einem Altersheim unterbringen. Weil es nicht mehr ging und ein Ende haben musste. Deswegen hatte er mit Mama und Papa irgendetwas geregelt - aber warum?

Man kam doch nicht ins Altersheim, wenn man zu viel Erbsensuppe kaufte und zu lange vor dem Fernseher saß?!

So standen wir alle drei schweigend vor der »Kontaktstelle für ältere Menschen«, als plötzlich aus dem Hauseingang nebenan die Zwei Fragezeichen auftauchten.

»Wo kommt ihr denn her?«, fragte Evi verdutzt.

»Tolle Detektive seid ihr«, antwortete Sofie höhnisch, »so leicht wie man euch verfolgen kann! Ihr merkt aber auch gar nichts!«

Ich fand das ungerecht. Wenn man selbst mit Verfolgen beschäftigt ist, kann es wohl mal passieren, dass man die eigenen Verfolger übersieht.

»Habt ihr endlich gemerkt, was los ist mit deiner Oma?« fuhr Sofie grinsend fort. »Die ist voll plemplem.« Sie tippte sich mit dem Finger gegen die Stirn. »Die war sogar schon beim Verrücktenarzt. Heute Vormittag war dein Opa mit ihr da, das hat mir meine Tante erzählt, die ist dort Sprechstundenhilfe.«

Ich fühlte, wie die riesige Wut in meinem Bauch immer größer wurde, so groß, dass ich Sofie dringend etwas ins Gesicht schreien wollte, aber in mir waren keine Worte. Ich hoffte, dass Evi die passenden Worte auf Lager hatte, aber ungewohnterweise starrte Evi auf ihre Fußspitzen und sagte gar nichts. Auch von Lina war wohl keine Hilfe zu erwarten, denn die funkelte Sofie und Pit zwar böse an, schwieg aber ebenfalls beharrlich.

Leider war Sofie noch nicht fertig mit dem, was sie mitzuteilen hatte. Sie ruckte mit dem Kopf kurz in Richtung der »Kontaktstelle für ältere Menschen«.

»Deshalb kommt sie jetzt ja auch ins Heim.«

Es war nur dieser eine Satz, aber er reichte aus, um irgendetwas in mir durchbrennen zu lassen. Die Worte, die schon vorher nicht da gewesen waren, waren auch jetzt leider nicht zur Stelle, stattdessen fühlte ich eine riesengroße Kraft in mir, die mich vorwärtsspringen und direkt auf Sofie stürzen ließ, sodass ihre blöde Frisur ganz durcheinander geriet. Mit zusammengebissenen Zähnen verkrallte ich mich in ihren Haaren und versuchte, sie zu Fall zu bringen. Sofie fing an zu heulen, und Pit schrie in den höchsten Tönen »Der haut uns, der haut uns«, während er sich gleichzeitig bleischwer an meine Arme hängte und mir mit voller Wucht gegen das Schienbein trat. Sofie hatte sich inzwischen so weit gefangen, dass sie mich kratzen und beißen konnte, und ich schwöre, ich hätte echt übel ausgesehen, wenn mir nicht jemand zu Hilfe gekommen wäre.

Zuerst wusste ich nicht, wer da an meiner Seite kämpfte, es waren nur auf einmal mehr Arme und Beine da, die um sich fuchtelten, aber dann sah ich lange schwarze Haare und wütend blitzende Augen: Lina!

Mit mehr Zeit zum Nachdenken hätte ich mich vielleicht darüber gewundert, dass es Lina war, die sich in die Prügelei einmischte, und nicht Evi. Aber die Zeit hatte ich nicht, denn schon drang eine laute Stimme an mein Ohr: »Oma und Opa kommen raus! Schnell weg!«

Wie von Wunderhand löste sich unser Knäuel auf, und Sofie und Pit hasteten davon, natürlich nicht, ohne uns noch einmal zuzurufen, dass sie alles ihren Eltern erzählen würden. Ich kugelte mich zur Seite. Meine Schienbeine taten weh, von all den Tritten, die sie abbekommen hatten, und auf dem Handrücken hatte ich blutige Kratzer - das war alles. Auch Lina hatte keine schwerwiegenden Verletzungen davongetragen. Sie sah sich suchend um.

»Wo sind Oma und Opa?«, fragte sie.

Evi pflanzte sich vor uns auf.

»Immer noch drin«, sagte sie grinsend. »Irgendwie musste ich euch Vollpfosten ja dazu bringen, mit der Prügelei aufzuhören. Die Zwei Fragezeichen verdreschen auf offener Straße - das gibt nur Ärger, und davon haben wir eh schon genug.«

Ich wollte gerade antworten, dass mir das herzlich egal sei, als Lina uns mit einem leisen »Pscht!« auf den Boden zog.

Als ich den Kopf wieder hob, sah ich, warum. Oma und Opa kamen aus der Tür der »Kontaktstelle für ältere Menschen« spaziert. Mir fiel ein Stein vom Herzen. Egal, ob es stimmte, was die Zwei Fragezeichen erzählt hatten, oder nicht: Es war noch nicht zu spät. Oma war nicht im Heim geblieben.

Ein bewegter Abend

Auf dem Heimweg jammerte Lina leise vor sich hin. »Wie konnte ich nur?«, sagte sie mit verzweifeltem Gesichtsausdruck. »Prügelei ist bestimmt illegal. Sie werden Frau Schmidt erzählen. Gibt sicher Ärger!«

»Wird schon nicht so schlimm«, tröstete Evi, »bisschen Gemecker, vielleicht eine Strafarbeit von Frau Schmidt, alles halb so wild!«

Lina funkelte uns wütend an: »Ihr habt doch keine Ahnung!« Sie wandte abrupt den Kopf ab und schaute stur geradeaus.

Ich hätte gern gewusst, was sie damit meinte, aber ich traute mich nicht zu fragen. Manchmal konnte Lina so abweisend gucken, dass das einfach nicht ging. Und dann sah ich etwas, was mich noch viel mehr erschreckte: Aus Linas Augenwinkeln kullerten langsam zwei Tränen und wanderten über ihre Wangen abwärts zum Kinn.

Ich hatte Lina noch nie weinen gesehen, und das Schlimmste war, dass sie dabei gar keinen Laut von sich gab. Sie guckte einfach weiter wütend geradeaus und schwieg, während die Tränen langsam abwärtsrollten.

Zu Hause angekommen, bemerkte Evi sofort, dass etwas anders war als sonst.

»Voll unordentlich bei euch.« Sie zeigte grinsend auf Mamas und Papas Jacken, die im Flur über zwei Stühlen lagen. Auch ihre Taschen standen im Weg – es sah aus, als wären sie ziemlich eilig nach Hause gekommen.

Das schien Lina auch zu finden, denn sie kriegte sofort wieder ein Glitzern in ihre noch etwas verweinten Augen.

»Verdächtig!«, sagte sie.

Offenbar hatten Mama und Papa nicht bemerkt, dass wir heimgekommen waren. Man hörte ihre Stimmen aus dem Wohnzimmer, aber keiner kam raus, um uns zu begrüßen.

Evi legte den Finger auf die Lippen, und natürlich verstanden wir sofort, was sie meinte. Wir schlichen zur Tür und lauschten.

Was dort vor sich ging, konnte man gut erahnen. Mama telefonierte und Papa grunzte hin und wieder zu dem, was sie da sagte. Um besser verstehen zu können, presste ich mein Ohr ganz dicht ans Schlüsselloch. Zuerst sagte Mama nur so langweilige Sachen wie »Ja, ich verstehe« oder »Das hört sich sehr gut an.« Aber dann kam der Kracher. Der Mensch am anderen Ende der Leitung hatte offenbar etwas gefragt, und Mama antwortete laut und deutlich: »Gern so schnell wie möglich. Am besten wäre es, wenn meine Mutter schon morgen kommen könnte.«

Ich riss die Augen auf, und auch Evi und Lina sahen mich entsetzt an.

Danach sagte Mama noch »herzlichen Dank« und »auf Wiedersehen«, und als Nächstes hörte man den Piepton, den das Telefon macht, wenn es wieder auf die Station gestellt wird.

»Es klappt. Eine Sorge weniger«, sagte Mama. »Ich mache uns jetzt erst mal einen Tee.«

Wir drei stoben auseinander, als sich die Wohnzimmertür öffnete.

»Nanu! Ihr seid hier?«, fragte Mama erstaunt, aber eine Antwort schien sie nicht zu erwarten. Sie ging an uns vorbei in die Küche und sah ganz zufrieden aus.

Wir verdrückten uns schnell in mein Zimmer.

»Also soll sie doch ins Heim«, platzte Evi heraus, sobald wir die Tür zugemacht hatten.

Lina sah mich mitleidig an, und ich wünschte mir, ich wäre nicht selbst so überzeugt gewesen von dem, was Evi da sagte. Aber: »Am besten wäre es, wenn meine Mutter schon morgen kommen könnte.« – Was sollte das wohl anderes heißen?

In diesem Moment wusste ich, dass wir handeln mussten. »Gefahr im Verzug«, den Ausdruck hatte ich schon oft gehört, wenn Mama und Papa sich beim Abendbrot über irgendwelche juristischen Fälle unterhielten. Es bedeutete ungefähr, dass man etwas tun darf, was nicht so ganz erlaubt ist, wenn man dadurch etwas Schlimmeres verhindert. Was das in unserem Fall hieß, war ja wohl klar.

»Wir müssen Omas und Opas Wohnung durchsuchen«, sagte ich energisch. »Vielleicht können wir noch einschreiten, wenn wir das Geheimnis der Erbsensuppe schnell lösen.«

»Genau!«, stimmte Evi mir zu, »am besten sofort!« Sie machte Anstalten aufzustehen.

»Doch nicht jetzt!« Ich hielt sie am Ärmel zurück. »Heute Nacht, wenn alle schlafen.«

Evi nickte.

»Du hast recht. Dann übernachte ich bei dir.«

Lina hatte bisher noch nichts gesagt. Sie kaute auf ihrer Unterlippe und starrte auf den Boden.

Evi sah sie auffordernd an.

»Und? Bist du dabei?«

Lina zuckte hilflos mit den Schultern.

»Es ist doch …« Ihre Stimme war ganz klein.

»Ja, ja, illegal, ich weiß!« Evi ruckte ungeduldig mit dem Kopf. »Du mit deinem blöden illegal. Was soll schon passieren? Dann kriegen wir halt ein bisschen Ärger. Ist doch scheißegal.«

Lina war bei ihren Worten ganz blass geworden. Jetzt funkelte sie Evi an, und ihre Stimme war gar nicht mehr klein.

»Was soll passieren? Abschiebung! Man darf nichts Illegales machen. Gar nichts! Und ihr versteht nichts. Gar nichts!«

Bei diesen Worten schossen ihr die Tränen in die Augen, und sie stürzte aus dem Zimmer.

Ich saß da, wie vom Donner gerührt. Auch Evi bewegte sich nicht vom Fleck. Einen Augenblick später hörte ich die Wohnungstür ins Schloss fallen.

»Blöde Kuh«, murmelte Evi, aber die Zornesfalte auf ihrer Stirn zitterte so bedenklich, dass ich mir nicht sicher war, ob sie wütend war oder traurig.

In meinem Kopf wirbelte mal wieder alles durcheinander. Abschiebung bedeutete doch, dass man nicht in Deutschland bleiben durfte, sondern zurückgeschickt wurde in sein Heimatland, egal was dort gerade los war. Konnte das Lina wirklich passieren, nur wegen einer kleinen Prügelei und einer nicht ganz genehmigten Wohnungsdurchsuchung? Ich wollte gerade Evi danach fragen, als Mama ins Zimmer kam.

»Du bist ja noch hier«, sagte sie zu Evi gewandt. »Willst du bei uns übernachten? Soll ich deine Eltern anrufen?«

Evi und ich sahen uns an. Wie praktisch, dass einem manchmal der Zufall zu Hilfe kommt. So brauchten wir niemanden mehr zu überreden.

»Sehr gern«, antwortete Evi mit ihrer zuckersüßesten Stimme. »Eine Zahnbürste haben Sie doch sicher für mich?«

Es war ein Glück, dass Mama und Papa an diesem Abend fast die ganze Zeit bei Oma und Opa waren, und noch mehr Glück war es, dass sie ihre Handys bei uns in der Wohnung vergaßen. Es klingelte nämlich dauernd das eine oder andere Telefon, und ein paarmal konnten wir »Schmidt, Schule« auf dem Display lesen.

»Bestimmt wegen der Prügelei«, mutmaßte Evi, und normalerweise hätte mir das einen Riesenschreck eingejagt, aber heute hatten wir nun wirklich mit dringlicheren Problemen zu kämpfen.

Nach dem Abendessen gingen wir ins Bett. Sogar Evi hatte eingesehen, dass wir ein bisschen Ruhe gebrauchen konnten, bevor wir uns in ein nächtliches Abenteuer stürzten. Ich stellte den Wecker auf zwölf Uhr, aber leider war an Einschlafen mal wieder nicht zu denken. Tausend Bilder tanzten durch meinen Kopf: Sofie, wie sie mit fiesem Grinsen von Omas Erbsensuppen-Klau berichtet, wir drei vor der »Kontaktstelle für ältere Menschen«, Sofie, die vom Verrücktenarzt erzählt, ich, wie ich mich auf Sofie und Pit stürze, und schließlich Lina, die bleich und mit Tränen in den Augen aus dem Zimmer rennt. Und zwischen all den wirren Bildern tauchten immer wieder die Fragen auf: Wie können wir Oma retten? Wonach suchen wir in der Wohnung? Irgendwann hielt ich es nicht mehr aus.

»Evi?«, fragte ich vorsichtig. »Was bedeutet eigentlich ›Indizien sicherstellen‹?«

Ich hatte fest damit gerechnet, dass Evi eine Antwort parat haben würde. Komischerweise blieb sie eine ganze Weile still.

»Ich weiß nicht«, gab sie schließlich mit rauer Stimme zu. »Davon hat eigentlich immer nur Lina erzählt. Ich habe gar nicht richtig zugehört.«

Danach hörte ich nur einen tiefen Seufzer.

»Blöd, dass sie nicht hier ist«, sagte ich schließlich.

Evi schluckte ein paarmal, so wie Leute das machen, wenn
sie eigentlich weinen, aber das konnte es nicht sein, denn Evi
weint nie.

Ich wusste genau, was ihr durch den Kopf ging. Es ging
mir nämlich selbst durch den Kopf: dass es gemein gewesen
war, was Evi gesagt hatte, das mit dem »blöden illegal«. Und
dass Lina ganz verzweifelt ausgesehen hatte, als sie ging, als

würden wir nichts kapieren – was ja auch stimmte. Und dass wir doch eigentlich eine Detektivbande waren, die alles zusammen machte, und …

In diesem Moment machte es Plopp.

Ich fiel vor Schreck fast aus dem Bett.

»Evi! Ein Einbrecher!«, flüsterte ich.

»Quatsch«, grummelte es von Evis Matratze. »Die werfen keine Steinchen gegen die Scheibe.«

Ich hörte ein Rascheln. Evi tapste vorsichtig in Richtung Fenster. Ich beeilte mich hinterherzukommen. Gerade als Evi nach der Gardine griff, machte es wieder Plopp, und diesmal war auch mir sonnenklar, dass jemand etwas gegen unsere Fensterscheibe warf.

Evi zog die Gardine beiseite, und wir spähten vorsichtig hinaus. Es war nichts zu sehen. Unter uns lag nur die stockdunkle Straße.

»Ich mach das Fenster auf«, wisperte Evi, »vielleicht sieht man dann mehr.«

»Nein, Evi!«, flüsterte ich entsetzt, obwohl ich selbst nicht genau wusste, wovor ich Angst hatte. Aber es war sowieso schon zu spät, denn Evi hatte ruckzuck das Fenster geöffnet und sich bäuchlings hinausgelehnt.

Mir schossen schon wieder tausend Bilder durch den Kopf. Waren das die Zwei Fragezeichen, die sich an uns rächen wollten? Oder doch ein Einbrecher? Ein Zombie? Man kann nie wissen!

In diesem Moment segelte ein kleines Steinchen haarscharf an Evis Kopf vorbei in mein Zimmer, und eine halblaute

Stimme rief wütend von unten: »Lasst mir endlich rein, ihr Idioten! Ist kalt!«

Doch kein Zombie!

Es war Lina.

Es war ein Riesenglück, dass Lina nicht fünf Minuten später auf die Idee gekommen war, zu uns zurückzukehren – denn dann wären wir im Flur auf Mama und Papa gestoßen. So aber hatten wir Lina gerade reingelassen und uns in mein Zimmer verkrümelt, als die Wohnungstür klackte und man ihre Stimmen im Flur hörte.

»Ich schau mal kurz nach den Kindern«, sagte Papa.

Wir sahen uns erschrocken an.

Evi zerrte Lina mit unter ihre Decke, und ich hüpfte wie der Blitz in mein Bett zurück. Gerade noch rechtzeitig, denn schon ging die Tür auf, und Mama und Papa kamen rein.

»Wie friedlich«, Mama beugte sich über uns. »Gut, dass Nils nichts ahnt von dem ganzen Drama.« Sie seufzte tief.

»Nun ist doch alles bestens geregelt«, sagte Papa. »Mach dir keine Vorwürfe. Und jetzt gehen wir ins Bett.«

Mama seufzte noch einmal, und dann hörte ich, wie meine Zimmertür geschlossen wurde.

Wir blieben noch ein paar Sekunden mucksmäuschenstill unter den Decken. Schließlich hörte ich Geraschel von der Matratze, auf der Evi und Lina lagen.

Die beiden saßen sich jetzt gegenüber, jede mit einem verlegenen Grinsen im Gesicht, wie zwei Leute, die sich geprügelt hatten, obwohl sie es eigentlich gar nicht wollten.

»Schön«, murmelte Evi schließlich. »Also … dass du da
bist …«

Lina ruckte mit dem Kopf.

»Braucht mir doch«, sagte sie. »Für Indizien. Wir sind eine
Bande - wir machen alles zusammen!« Sie schwieg einen
Moment, und der nächste Satz schien sie viel Überwindung
zu kosten. »Wird schon nichts passieren.«

Evi richtete sich auf.

»Worauf du Gift nehmen kannst«, verkündete sie im Brustton der Überzeugung. »Wer dich abschieben will, der muss an mir vorbei!«

Mit diesen Worten ergriff sie Linas Hand, zerrte sie hoch und sagte: »Jetzt aber los!«

Zugriff!

Aus dem Elternschlafzimmer drang kein Laut, als wir uns – jeder mit einer Taschenlampe bewaffnet – aus der Wohnung schlichen. Im Hinausgehen schnappte ich mir Mamas Schlüsselbund. Mama und Papa haben beide einen Schlüssel für die Nachbarwohnung – und klingeln war jetzt wohl das Letzte, was wir wollten!

Lina ging auf Zehenspitzen voran. Sie legte kurz ihr Ohr an Omas und Opas Tür, bevor sie mich heranwinkte, um aufzuschließen. Wir betraten die Wohnung, und ohne dass ich es wollte, entfuhr mir ein kleines »Oh!«. Die Dosen stapelten sich jetzt schon im Flur – das war beim letzten Besuch noch anders gewesen. Lina leuchtete mit der Taschenlampe über das Warenlager hinweg, schüttelte den Kopf und sagte: »Ins Wohnzimmer!«

Vorsichtig öffnete sie die Wohnzimmertür. Auch hier hatten inzwischen die Konserven Einzug gehalten, aber für mich sahen die alle gleich aus. Wie sollte uns ein Haufen Erbsensuppe weiterhelfen?

Evi schien etwas Ähnliches zu denken. Sie schritt energisch zum Bücherregal, zog wahllos Bücher heraus und schüttelte sie. Ich glaube, so etwas hatte sie mal im Fernsehen gesehen. Lina winkte ab.

»Nein«, flüsterte sie. »Man muss überlegen.« Sie lief mit dramatisch ausgebreiteten Armen durchs Zimmer.

»Wo ist die Geheimnis?«

Ich schaute mich um. Nichts war hier geheimnisvoll, denn Oma und Opa hatten uns immer alles untersuchen lassen: ihre Bücher, die Vitrine mit dem guten Geschirr, und einmal hatte Opa uns sogar gezeigt, wo er seinen kleinen Notgroschen aufbewahrte. Ich ließ meinen Blick weiter schweifen, über das Sofa, die Sessel bis hin zum Wohnzimmertisch - und da fiel es mir auf!

»Die Klamotten«, sagte ich leise. »Wo sind die hin?«

Auf dem Tisch lag der große Haufen zumindest nicht mehr, auf dem vorgestern noch Rabbit gehockt hatte. Lina blickte anerkennend in meine Richtung, und Evi eilte sofort kreuz und quer durchs Zimmer und leuchtete in jede Ecke.

Ich wollte gerade vorschlagen, dass wir lieber alle zusammen mit System vorgehen sollten, als Evi einen unterdrückten Schrei ausstieß.

»Seht mal«, sie zerrte etwas unter dem Sofa hervor. Der Notfallkoffer! Natürlich – für die Klamotten hatte Opa den ja aus dem Keller geholt. Wir hockten uns um den Koffer, und ich versuchte, den Deckel zu öffnen. Es ging nicht. Ich zerrte und rüttelte, bis Lina mich in die Seite knuffte und auf ein Zahlenschloss deutete, mit dem der Koffer gesichert war. Enttäuscht ließ ich mich zurücksinken, aber in Evis Augen blitzte es auf.

»Geheimnisse sind immer hinter verschlossenen Türen«, flüsterte sie dramatisch und begann, an den Rädchen zu drehen, mit denen man die Zahlen einstellt. Plötzlich hielt sie inne und sagte: »Guck lieber weg, Lina, das machen Nils und ich!«

Lina schloss erleichtert die Augen. Klar, wir hatten gerade eine neue Stufe in Sachen »illegal« erreicht.

»Was kann es sein?«, fragte Evi an mich gewandt. »Sag mal Geburtstage und so was …«

Wir probierten alle Geburtstage durch: Omas, Opas, meinen, Mamas und Papas - der Koffer öffnete sich nicht. Mir fiel sogar Omas und Opas Hochzeitstag ein, aber der war es auch nicht.

Ich lehnte mich erschöpft zurück, während Evi weiter wie wild an den Rädchen kurbelte. Es konnte doch nicht wahr sein! Hatte uns so kurz vor dem Ziel das Glück verlassen? Plötzlich schoss mir eine Idee durch den Kopf.

»Versuch den 11.11.«, sagte ich, »erinnerst du dich? Omas Glückstag!«

Evi zuckte mit den Schultern und drehte alle vier Rädchen auf eins. Mit einem leisen Klacken sprang das Schloss auf.

Lina riss sofort die Augen auf, und wir hoben gemeinsam den Deckel an. Ich weiß nicht, was ich erwartet hatte − aber für Detektive war der Inhalt eine Enttäuschung. Es waren die gleichen langweiligen Sachen, die vor ein paar Tagen auf dem Wohnzimmertisch gelegen hatten: warme Kleidung in allen Größen, dazu ein paar Haushaltsartikel und Wolldecken.

»Wollen die in den Skiurlaub?«, fragte Evi irritiert, als wir die dritte lange Unterhose herauszogen.

»Mit einer Bratpfanne?« Ich schüttelte den Kopf. »Und was sollen meine Sachen da drin? Und Mamas und Papas ... wir fahren alle kein Ski.«

Evi kramte beherzt weiter, während Lina nachdenklich auf die warmen Sachen schaute.

»Hier kommt was anderes!« Evi wedelte mit einem Stapel Papiere vor meiner Nase. »Lies mal!«

Lina leuchtete mit der Taschenlampe, sodass ich die Schriftstücke untersuchen konnte.

»Omas Geburtsurkunde«, sagte ich, als ich den ersten Zettel gelesen hatte. »Und Opas ... und Mamas ... und meine. Was soll das bloß?«

»Nachschub!« Evi warf mir fünf Pässe vor die Füße, und ich brauchte gar nicht erst zu gucken, um zu wissen, wem die gehörten. Langsam kam es mir so vor, als würde das Geheimnis immer komplizierter werden. Oma brauchte doch nicht ihre Geburtsurkunde, wenn sie mal ein paar Tage ins Krankenhaus musste. Und meine schon gar nicht! Ich sah in Linas Richtung, denn sie war schließlich die erfahrenste Detektivin von uns allen, aber Lina kaute nur still auf ihrer Unterlippe herum und sagte gar nichts.

Evi wühlte inzwischen in den letzten Winkeln des Koffers herum, und auf einmal stieß sie einen kleinen triumphierenden Schrei aus.

»Schaut! Das habe ich noch nie bei Oma und Opa gesehen!«

Sie schwenkte ein kleines braunes Fotoalbum, nicht viel größer als eine Brieftasche. Tatsächlich hatte auch ich es noch nie gesehen, obwohl ich sicherlich schon hundertmal mit Oma und Opa ihre Fotoalben angeschaut hatte.

Wie es uns weiterhelfen sollte, wusste ich nicht, aber es war zumindest interessanter als warme Klamotten und Geburtsurkunden, also beugten wir uns gemeinsam darüber und betrachteten die Bilder.

Zum Glück hatte derjenige, der das Album beschriftet hatte, eine ziemlich ordentliche Schrift gehabt. ›Renatchen 1935‹ stand unter dem ersten Foto. Ich muss sagen, ich hatte nicht geahnt, dass Oma ein so niedliches Baby gewesen war! Klein und dick lag sie auf einem Bärenfell und strampelte mit ihren Beinen. Je weiter man blätterte, desto älter wurde Renatchen: Sie krabbelte im Garten herum, starrte mit aufgeplusterten Bäckchen auf eine Pusteblume, saß strahlend mit einem Teddy im Arm unter dem Weihnachtsbaum und streichelte vorsichtig eine Ziege. Alles ganz normal.

»Wenn sie nicht so grässliche Rüschenkleider anhätte, könnte man denken, die Fotos wären von jetzt«, Evi hörte sich seltsam nachdenklich an. Lina nickte.

Wir waren gerade bei »Weihnachten 1944«, als das Album auf einmal endete. Die verbleibenden vergilbten Seiten waren leer.

»Schade«, sagte Lina, »sind schöne Fotos.«

»Nur gebracht haben sie leider nichts«, stöhnte Evi. »Gib her!« Sie riss mir energisch das Album aus der Hand, um es zurück in den Koffer zu stopfen.

Wer hätte gedacht, dass Evis ruppige Art einmal etwas Gutes haben könnte! Aber diesmal war es so. Wenn sie nicht an dem Album gezerrt hätte, dann wäre sicher nicht das Foto herausgerutscht, das lose zwischen der letzten Seite und dem Buchdeckel gelegen hatte und von uns nicht entdeckt worden war.

Und dieses Bild brachte uns dem Rätsel auf die Spur!

Auf den ersten Blick war es nicht gerade spannend. Ein sehr dünnes Mädchen stand neben einem Hauseingang. Das Mädchen sah ganz normal aus, nur eine Sache war besonders: Es hatte eine große Schleife im Haar.

»Das Flüchtlingsmädchen«, entfuhr es mir, und Evi haute gleichzeitig mit der Hand auf den Fußboden:»Conni!«, rief sie halblaut.

In meinem Kopf wirbelten schon wieder die Gedanken. Was hatte dieses Foto in Omas Notfallkoffer zu suchen? Conni mit der Schleife im Haar hatte doch bei Opa gewohnt! Und wenn er wirklich in sie verliebt gewesen war, dann steckte doch Oma kein Foto in ihren Koffer.

»Ich verstehe das nicht«, sagte ich.

Lina sah immer noch seltsam ungerührt aus. Sie hob das Bild vom Fußboden auf, drehte es um und sagte:»Aber ich verstehe das.«

Sie hielt uns das Foto hin, sodass Evi und ich die Beschriftung auf der Rückseite lesen konnten. Dort stand: ›Renatchen 1945‹.

Einen kleinen Moment war es totenstill. Und dann brach die Hölle los. Es war nicht etwa einer von Evis berühmten Wutanfällen, der die Hölle in Omas und Opas gemütliches Wohnzimmer brachte, es war eine riesige Lawine aus Erbsensuppen-Dosen, die – ausgelöst durch einen kleinen Schups im Gerangel um das Foto – mit einem mörderischen Gepolter über das gute Parkett kullerte.

Man kann sich nicht vorstellen, was Erbsensuppe für einen Lärm machen kann. Lina, Evi und ich saßen da wie gelähmt und lauschten der nicht enden wollenden Lawine, die durch das Zimmer rollte.

Und dann ging auf einmal das Licht an.

Als meine Augen sich an die Helligkeit gewöhnt hatten, sah ich etwas sehr Lustiges. Vor der Schlafzimmertür stand Opa in einem gestreiften Schlafanzug und schaute völlig verständnislos auf die Dosenflut in seinem Wohnzimmer. In der Tür, die vom Flur ins Wohnzimmer führte, standen Mama und Papa – Papa in Mamas rosafarbenen Morgenmantel gehüllt und Mama

in einem weißen Spitzennachthemd, in dem sie sich sicherlich fürchterlich erkälten würde.

»Was zum Teufel ...?«, begann Papa, aber beenden konnte er den Satz nicht mehr, denn wie der Blitz sprang Evi auf und stellte sich schützend vor Lina.

»Lina kann nichts dafür, die haben wir gezwungen!« Sie stierte in Papas Richtung wie ein kampflustiger Dobermann. »Den Koffer hat sie auch nicht aufgemacht. Das hat sie noch nicht mal gesehen!«

Tatsächlich sah Lina so bleich und verängstigt aus, dass auch mir schlagartig das ganze Elend mit »illegal« wieder einfiel. Deshalb beeilte ich mich, Evi beizupflichten.

»Genau! Eingebrochen sind wir auch nicht, deshalb ist es nicht illegal!« Ich wedelte mit dem Schlüssel. »Es war ein Notfall. Ganz eindeutig Gefahr im Verzug!«

Papa sah aus, als müsste er ein bisschen schmunzeln: »Na, dann sehen wir mal davon ab, die Polizei zu rufen«, bemerkte er trocken. »Aber eine Erklärung hätte ich schon gern, meine Damen und Herren!«

Ein Gespräch
inmitten von Dosen

Falls Papa gedacht hatte, mit so einer Erwachsenenansage Eindruck zu schinden, dann kannte er aber Evi schlecht!

»Du willst eine Erklärung?!« Sie fuchtelte wild mit dem Foto hin und her.

»Kannst du kriegen! Aber ich will auch eine Erklärung! Und zwar eine richtige! Was macht das Foto von Conni in Omas Koffer? Und wieso steht da Renatchen drauf? Und wo ist Oma überhaupt? Ist die jetzt schon im Heim, oder was? Ich denk, die soll erst morgen …«

An dieser Stelle musste sie Luft holen, und das war auch besser so, denn Papa sah völlig verwirrt aus. Der brauchte sicherlich eine Pause. Ich brauchte die auch, denn mir war tatsächlich erst bei Evis Worten aufgefallen, dass Oma nicht da war, obwohl die Erbsensuppen-Lawine direkt vor ihrer Schlafzimmertür losgegangen war. Hilfesuchend sah ich in Mamas Richtung, aber die schaute genauso entgeistert drein wie Papa.

Der einzige, der so wirkte, als hätte er noch irgendetwas im Griff, war Opa. Er stand dort in seinem gestreiften Schlafanzug, lächelte fein und sagte mit seiner freundlichsten Stimme: »Tja, Kinners, dann schlag ich mal vor: Alle suchen sich ein gemütliches Plätzchen, und wir klären die Sache auf.«

Erstaunlicherweise kann man es sich zwischen Dosen sehr gemütlich machen. Opa, Mama und Papa durften auf den Sesseln Platz nehmen, aber Evi, Lina und ich bauten uns eine echte Erbsensuppen-Bank direkt gegenüber von Opas Sessel.

Opa holte tief Luft.

»Wo soll ich nur anfangen bei all den vielen Fragen?« Er kratzte sich am Kopf. »Vielleicht am besten der Reihe nach?«

Und dann erzählte Opa, dass auf dem Foto tatsächlich das Flüchtlingsmädchen abgebildet sei, und dass das Mädchen eben nicht Conni geheißen habe, auch wenn es eine Schleife im Haar hatte, sondern Renate.

»Und sie wurde Renatchen genannt von ihrer Mutter und von uns allen. Obwohl sie das gar nicht mochte, schon damals nicht.«

»Also ist sie tatsächlich... ich meine, sie war tatsächlich...« Ich verhaspelte mich völlig in meiner Frage, die ich ziemlich kompliziert und einfach zugleich fand, aber zum Glück verstand Opa mich trotzdem.

»Auf dem Foto ist deine Oma. Wir kennen uns schon sehr lange, seit sie nämlich mit ihrer Familie bei uns eingezogen war. Und ich habe mich ganz schnell in sie verliebt...« Opa kriegte feuchte Augen, und ich hatte schon Angst, er würde anfangen zu weinen.

»Das wollen wir gar nicht wissen«, unterbrach Evi seine Gedanken. »Aber wo ist Oma jetzt?«

Opa deutete mit dem Finger auf die Schlafzimmertür: »Sie schläft.«

»Bei diese Lärm?« Jetzt meldete sich zum ersten Mal Lina zu Wort. Seit Papa gesagt hatte, er würde nicht die Polizei rufen, hatte sich ihre Gesichtsfarbe deutlich verbessert.

»Der Doktor hat ihr Schlafmittel verschrieben, damit sie endlich mal zur Ruhe kommt. So konnte das wirklich nicht weitergehen, sie hatte ja kaum noch geschlafen, wochenlang.«

Evi, Lina und ich sahen uns an. Das hatten wir nicht gewusst.

»Und warum hat sie nicht geschlafen?«, fragte ich vorsichtig.

Opa seufzte. »Weil sie Angst hatte. Ihr habt ja selbst gemerkt, dass sie im Fernsehen nur noch die schrecklichen Dinge angeschaut hat: Anschläge und Krieg und Flucht. So viele Tote. Und als dieser Trottel auch noch in den Nachrichten sagte, wir sollten jetzt anfangen, einen Lebensmittelvorrat anzulegen, da hat sie gedacht, dass sie hier nicht mehr sicher ist, und …«

Ich verstand nur Bahnhof, deshalb musste ich Opa leider unterbrechen: »Was für Lebensmittel? Welcher Trottel?«

Jetzt mischte sich Papa ein.

»Trottel, na, na, na, er ist immerhin der Innenminister.« Er sah strafend erst in Opas, dann in meine Richtung. »Der Innenminister hat gesagt, dass die Bevölkerung wegen der unklaren Gefahrenlage dazu angehalten sei, einen Lebensmittelvorrat anzulegen.« Wie immer, wenn Papa sein Juristendeutsch benutzte, hörte es sich etwas geschwollen an, und er sah auch gleich ein bisschen pikiert aus, als Evi ihm ins Wort fiel.

»Der hat im Ernst angeordnet, dass alle Leute so viel Erbsensuppe kaufen sollen? Uargh. Dann ist er ein Trottel, egal was für ein Minister er ist!«

»Nicht unbedingt Erbsensuppe«, Opa ergriff wieder das Wort. »Und sicher hat er nicht gemeint, dass man solche Mengen kaufen soll, wie Oma es in letzter Zeit getan hat.«

»Warum sie hat das gemacht?« Das war wieder Lina.

Die Frage lag mir auch auf der Seele, schließlich kauft wohl nicht jeder, der einen Minister im Fernsehen hört, danach bergeweise Erbsensuppe ein!

Opa lächelte müde.

»Weil Oma das alles als Kind selbst erlebt hat. Krieg und Flucht und vor allem Hunger. Schon in ihrer Heimat, in Ostpreußen, hat sie schrecklich gehungert zum Ende des Krieges. Und auf der Flucht natürlich auch. So etwas vergisst man sein Leben lang nicht. Dieses Mal wollte sie besser vorbereitet sein – aber egal, wie viel wir gekauft haben, sie hatte nie den Eindruck, es sei genug.« Opa deutete erst auf die Dosenberge an der Wand, dann auf den Koffer, der immer noch halb ausgepackt in der Ecke stand. »Ich habe ihr immer wieder gesagt, dass wir gar nicht fliehen müssen, aber sie hat trotzdem diesen Koffer gepackt. Als sie ihre Heimat verlassen musste, hatte sie keine Möglichkeit das einzupacken, was ihr wichtig war. Sie hat manchmal davon geredet, dass ihr Kuscheltier zurückgeblieben ist, ein Teddy, der Oskar hieß. Genug warme Kleidung hatten sie auch nicht dabei und ...«

Opa hätte sicher noch weitergeredet, aber jetzt legte Mama ihm die Hand auf den Arm.

»Ich glaube, für dich reicht es jetzt«, ihre Stimme war so sanft wie an den Tagen, wenn ich krank bin und Mama sich freinimmt und den ganzen Tag über für mich Zeit hat. »Dich schicken wir mal wieder ins Bett, den Rest können wir auch drüben erzählen.« Mit diesen Worten brachte sie Opa zur Schlafzimmertür.

Als Opa sich noch einmal zu uns umdrehte, sah er aus, als hätte er gerade eine Schlacht geschlagen oder wäre selbst von irgendwo geflohen oder vielleicht nach einer langen Reise irgendwo angekommen – ich weiß es nicht. Trotzdem zwinkerte er uns mit einem Lächeln zu.

»Gute Nacht, Kinners, und nicht vergessen: Dat löppt sik allens trech!«

Zu Hause kochte Mama uns einen Kakao. Papa rief währenddessen bei Linas Vater an, damit der sich keine Sorgen um Lina machte. Ich weiß nicht genau, was sie redeten und schon gar nicht, in welcher Sprache, aber irgendwie funktionierte es, ohne dass Lina sich einmischen musste.

Ich wusste gar nicht, dass Mama so guten Kakao kochen konnte, und sie lachte, als ich ihr das sagte.

»Rezept von Oma«, sagte sie und schenkte uns allen nach. »Kakao ist gut für die Seele, das hat Oma immer gesagt, wenn ich als Kind mal traurig war.«

»Hast du das gewusst?«, fragte ich, »also … dass Oma auch geflohen ist genau wie …«

»Genau wie Lina« wollte ich sagen, aber im letzten Moment biss ich mir auf die Zunge.

Mama legte den Kopf schief und dachte nach.

»Ich hab's gewusst, aber ich habe nicht gewusst, was es für sie bedeutet«, sagte sie schließlich langsam. »Oma hat nie wirklich davon erzählt. Von ihrer Kindheit in Ostpreußen schon, aber von der Flucht … nicht. Opa weiß ein bisschen mehr darüber, was sie erlebt hat, aber …«

Ich hatte schon die ganze Zeit gemerkt, dass Evi unruhig auf ihrem Stuhl hin und her rutschte, trotz des leckeren Kakaos, und jetzt platzte es aus ihr heraus.

»Das ist ja alles schön und gut, aber das Wichtigste haben wir immer noch nicht besprochen: Wieso soll Oma deswegen ins Heim?«

Mama riss die Augen auf und verschluckte sich an ihrem Kakao. Papa klopfte ihr auf den Rücken, aber trotzdem spritzte ziemlich viel Kakao durch die Küche, und wir drei wischten eilig mit Papiertüchern herum, während Mama hustete und Papa klopfte.

Langsam kam Mama wieder zu Atem: »Ins Heim? Wie kommt ihr denn darauf?«

Da erzählten wir ihr alles: von der »Kontaktstelle für ältere Menschen« und von den Zwei Fragezeichen und dass das wohl nur bedeuten konnte, dass Oma ins Heim sollte.

»Auch wenn Opa sich gar nicht verliebt hat«, schloss Evi unseren Bericht. »Wenigstens nicht in Conni oder eigentlich doch in Conni, nur dass Conni ja nun Oma ist… na ja.« Sogar Evi schien Mamas völlig verwirrten Blick bemerkt zu haben, und sie hielt ausnahmsweise mal den Mund. Als Mama nicht sofort etwas sagte, fiel ihr aber etwas Neues ein: »Außerdem hast du am Telefon gesagt, dass Oma morgen ins Heim ziehen wird. Leugnen zwecklos, wir haben es gehört!«

Mama sagte immer noch nichts, aber Papa musste ein bisschen grinsen.

»So weit ist es also gekommen, dass man in seiner eigenen Wohnung von seinem eigenen Sohn abgehört wird. Und da machen sich die Leute Gedanken über Datenschutz…« Ehe er noch weiter schwadronieren konnte, schritt diesmal Lina ein: »Was ist nun mit Heim?«

Jetzt hatte sich Mama so weit beruhigt, dass sie antworten konnte: »Ins Heim doch nicht«, erklärte sie kopfschüttelnd. »Das ist ein Missverständnis. Die ›Kontaktstelle für ältere Menschen‹ ist ein Treffpunkt mit Angeboten für alte Leute.«

»Das hätten die auch mal dranschreiben können«, meckerte Evi. »Kontaktstelle für ältere Menschen«, pff, das versteht doch kein Schwein.«

»Dort gibt es eine Gruppe für alte Menschen, die geflüchtet sind«, fuhr Mama ungerührt fort. »Sie können sich darüber unterhalten. Manche schreiben ihre Erinnerungen auch auf, damit ihre Kinder und Enkel erfahren, was ihnen passiert ist. Viele haben nämlich – wie Oma – bisher kaum darüber gesprochen. Der Arzt hat uns geraten, Oma dort anzumelden - deswegen habe ich mit der Leiterin der Gruppe telefoniert.«

»Der Doktor mit den Schlaftabletten?«, fragte ich.

»Der Verrücktenarzt?«, fragte Evi.

Papa sah schon wieder ein bisschen pikiert aus, als er antwortete, genau wie bei dem idiotischen Minister.

»Der Psychiater, jawohl. Er hat uns Verschiedenes empfohlen, was Oma helfen könnte, unter anderem diese Gruppe.«

»Und irgendetwas davon wird auch helfen«, sagte Mama mit fester Stimme. »Ganz sicher.«

Als sie das sagte, mit dieser beruhigenden Ich-bin-erwachsen-und-weiß-Bescheid-Stimme, da spürte ich, wie sich der ängstliche Klumpen, den ich so lange in meinem Magen herumgeschleppt hatte, auf einmal löste und nach oben wanderte. In diesem Moment überfiel mich eine bleierne Müdigkeit, und auch ich kam mir vor, als hätte ich eine Schlacht geschlagen oder eine lange Reise gemacht. Und ich konnte es einfach nicht unterdrücken – aus meinem Mund kam ein riesengroßes Gähnen. Kaum hatte ich angefangen, stimmten Evi und Lina ein.

Mama und Papa lachten, als sie uns hörten.

»Wenn das mal kein Zeichen ist«, Papa erhob sich. »Ab ins Bett, die Herrschaften, es ist halb drei.«

Keiner von uns protestierte. Wir wankten ohne Zähneputzen direkt in mein Zimmer. Mama und Papa schoben noch eine Matratze neben Evis auf den Fußboden, und wir ließen uns alle drei einfach in unseren Klamotten auf das Lager fallen. Ich war zu müde, um auf mein Bett zu klettern, außerdem war es sehr gemütlich zwischen Evi und Lina.

Ich war schon fast eingeschlummert, als Evi sich noch einmal ruckartig aufrichtete, über mich hinwegbeugte und Lina in die Seite boxte.

»Lina!«, sagte sie mit drohendem Unterton. »Wegen deiner Flucht … du machst das aber mal anders als Oma! Noch mehr Erbsensuppe kann ich wirklich nicht sehen!«

»Am besten gehst du gleich mit zu dieser Gruppe in der ›Kontaktstelle für ältere Menschen‹«, murmelte ich. »Mit neun ist man doch schon ganz schön alt!«

Dann musste ich kichern und Evi auch.

Lina richtete sich auf und grinste.

»Keine Bange, Kinners«, sagte sie. »Dat löppt sik allens trech!«

Nachwort

Nicht nur Leser, auch Autoren möchten zuweilen gern wissen, wie es ihren Helden nach dem Ende der Geschichte weiter ergeht.

Kann die Forschungsgruppe Erbsensuppe an ihren alten Bandenplatz zurückkehren? Wird Oma wieder so gesund, dass sie den dreien leckeres Mittagessen kochen kann – oder müssen sie in Zukunft mit aufgewärmter Erbsensuppe vorliebnehmen? Wird Linas Mutter ihrer Familie nach Deutschland folgen können? Hört Evi irgendwann mal damit auf anderen Menschen den Ellenbogen in die Rippen zu rammen?

Im Moment habe ich auf diese Fragen keine Antworten – denn wann eine Geschichte endet, bestimmt die Geschichte selbst. Auch mir bleibt nichts anderes übrig, als darauf zu vertrauen, dass Opa und Lina recht behalten mit ihren weisen Worten.

Rieke Patwardhan

Deutsche Originalausgabe
Copyright © 2019 von dem Knesebeck GmbH & Co.
Verlag KG, München
Ein Unternehmen der La Martinière Groupe
Text © Rieke Patwardhan
Vermittelt durch die Agentur Susanne Koppe, Hamburg,
www.auserlesen-ausgezeichnet.de
Illustrationen © Regina Kehn
Projektleitung und Lektorat: Theresa Scholz, Knesebeck Verlag
Satz und Layout: satz & repro Grieb, München
Umschlaggestaltung unter der Verwendung der Illustrationen
von Regina Kehn: Fabian Arnet, Knesebeck Verlag
Herstellung: Arnold & Domnick, Leipzig
Druck: PNB Print SIA
Printed in Latvia

ISBN 978-3-95728-023-7

www.knesebeck-verlag.de